Manuel Forster

Handelspolitik bei strategischen Rohstoffen

Am Beispiel von Seltenen Erden und Germanium

Bachelor + Master
Publishing

Forster, Manuel: Handelspolitik bei strategischen Rohstoffen: Am Beispiel von Seltenen Erden und Germanium, Hamburg, Bachelor + Master Publishing 2013
Originaltitel der Abschlussarbeit: Handelspolitik bei strategischen Rohstoffen: Am Beispiel von Seltenen Erden und Germanium

Buch-ISBN: 978-3-95549-129-1
PDF-eBook-ISBN: 978-3-95549-629-6
Druck/Herstellung: Bachelor + Master Publishing, Hamburg, 2013
Zugl. Universität Stuttgart, Stuttgart, Deutschland, Bachelorarbeit, 2012

Bibliografische Information der Deutschen Nationalbibliothek:
Die Deutsche Nationalbibliothek verzeichnet diese Publikation in der Deutschen Nationalbibliografie; detaillierte bibliografische Daten sind im Internet über http://dnb.d-nb.de abrufbar.

© Bachelor + Master Publishing, Imprint der Diplomica Verlag GmbH
Hermannstal 119k, 22119 Hamburg
http://www.diplomica-verlag.de, Hamburg 2013
Printed in Germany

Inhaltsverzeichnis

Abkürzungsverzeichnis

USGS   U.S. Geological Survey

SEO   Seltene-Erden-Oxide

SEE   Seltene-Erden-Elemente

ERP   Effective Rate of Protection

n. v.   nicht verfügbar

Abbildungsverzeichnis

Tabellenverzeichnis

1 Einleitung

Rund ein Fünftel der weltweit gehandelten Güter sind natürliche Ressourcen[1]. Ein Großteil davon sind nicht-erneuerbare mineralische und fossile Rohstoffe. In Förderländer, bei denen Exporte weitestgehend auf Rohstoffe beschränkt sind, wird dem Handel mit diesen große Bedeutung beigemessen.[2] Die meisten Länder können ihren Rohstoffbedarf allerdings nicht durch eigene Vorkommen decken. Die Versorgung auf den internationalen Rohstoffmärkten stellt für Rohstoffimporteure wie Deutschland eine große Herausforderung dar. Deutschland ist bei einer beträchtlichen Anzahl von Rohstoffen, darunter hauptsächlich mineralische und kohlenstoffhaltige, importabhängig.[3] Diese werden in der Industrie zur Herstellung von hochtechnologischen Produkten, Kraftfahrzeugen sowie für neue Umwelttechnologien eingesetzt. Dabei ist eine sichere Versorgung nicht nur zur Erhaltung der bisherigen Produktion, sondern auch für die Entwicklung neuer Technologien, essentiell.[4] In 2011 erzeugt das produzierende Gewerbe (ohne Baugewerbe), welches Rohstoffe zur Produktion von Gütern benötigt, etwa 25% des deutschen Bruttoinlandsprodukts.[5] Daran wird die Notwendigkeit einer sicheren Versorgung mit Rohstoffen, als Vorrausetzung für industrielle Wertschöpfung und folglich für Beschäftigung, Investitionen und gesamtwirtschaftliches Wachstum, deutlich.[6]

Der sicheren Rohstoffversorgung stehen Rohstoffmärkte gegenüber, bei denen eine verstärkte Volatilität und enorme Preisschwankungen zu beobachten sind.[7] Der Preis vieler Rohstoffe steigt, kurzzeitig unterbrochen durch die Finanzkrise, ungemein an. Verglichen mit dem Preisniveau in 2003 steigen die Preise von Blei um das Achtfache, von Zink und Kupfer um das Fünffache und von Erdöl um das Vierfache.[8] Die gegenwärtige Tendenz ist auf eine Reihe von Veränderungen in den globalen Angebots- und Nachfragemustern, sowie kurzfristigen Schocks auf den Märkten der Rohstoffe zurückzuführen. Durch das weltweite Wirtschaftswachstum zwischen 2002 und 2008 werden insbesondere in den Schwellenländern wie China, Brasilien und Indien

---

[1] Natürliche Ressourcen sind definiert als nicht-erneuerbare Rohstoffe zuzüglich Forst- und Fischereiprodukten.
[2] Vgl. Ruta/Venables (2012), S. 1.
[3] Vgl. Babies u.a. (2011), S. 7.
[4] Vgl. Franke (2011) S. 5.
[5] Vgl. Wellmer (2012), S. 7.
[6] Vgl. BDI (2010), S. 4.
[7] Vgl. Europäische Kommission (2011), S. 2.
[8] Vgl. Wellmer (2012), S. 6.

Rohstoffe sehr viel stärker nachgefragt.[9] „China ist heute der größte Verbraucher bei allen wesentlichen Rohstoffen mit Ausnahme von Erdöl und Erdgas."[10]

Neben einer dynamischen Nachfragesituation sind die internationalen Rohstoffmärkte darüber hinaus durch eine Vielzahl von Handels- und Wettbewerbsverzerrungen gekennzeichnet. Rohstoffförderländer beschränken gezielt die Ausfuhren von Rohstoffen, um die eigene Rohstoffversorgung zu sichern und ihren Unternehmen einen Vorteil im internationalen Wettbewerb zu verschaffen.[11] Gemäß der EU-Kommission gibt es weltweit über 450 Exportrestriktionen, wobei über 400 verschiedenartige Rohstoffe betroffen sind.[12] Ein derzeit häufig diskutiertes Beispiel hierfür sind die Elemente der Seltenen Erden.[13]

Aufgrund der Wichtigkeit einer sicheren Rohstoffversorgung für rohstoffverarbeitende, produzierende Industrien, setzt sich diese wissenschaftliche Arbeit mit aktiven handelspolitischen Maßnahmen bei strategischen Rohstoffen auseinander. Dabei sollen folgende Forschungsfragen analysiert und beantwortet werden:

- Was sind strategische Rohstoffe, welche Merkmale müssen sie aufweisen und wo werden sie überwiegend eingesetzt?
- Welche strategischen Rohstoffe sind von Handelsbeschränkungen betroffen und welche Arten von Beschränkungen existieren in diesem Zusammenhang?
- Welche Länder setzen Handelsbeschränkungen ein und was sind deren Motive diese einzuführen?
- Welche Strategien können rohstoffarme Länder verfolgen, um zum Schutz der eigenen Industrie eine sichere Rohstoffversorgung zu gewährleisten?

Das zweite Kapitel deckt als Grundlage die handelspolitische Theorie ab, in der unter anderem mit der Brander-Spencer-These eine Begründung für eine strategische Handelspolitik erfolgt. Der Schwerpunkt des Kapitels liegt auf den relevanten außenhandelspolitischen Instrumenten. Das dritte Kapitel befasst sich mit strategischen Rohstoffen und existierenden Handelsbeschränkungen. Zum einen werden die wesentlichen Merkmale strategischer Rohstoffe identifiziert und zum anderen zwei strategische Rohstoffe auf Beschränkungen hin untersucht. Im vierten Kapitel soll mo-

---

[9] Vgl. Europäische Kommission (2011), S. 2.
[10] Wellmer (2012), S. 6.
[11] Vgl. BDI (2010), S. 4.
[12] Vgl. Europäische Kommission (2008), URL siehe Literaturverzeichnis.
[13] Vgl. Gassmann (2012), URL siehe Literaturverzeichnis.

dellhaft die Strategie von Rohstoffexporteuren hinsichtlich der Einführung von Beschränkungen ermittelt, sowie eine mögliche Strategie von rohstoffarmen Ländern analysiert werden. Ein mögliches Gleichgewicht, welches sich bei nicht-kooperativer Handelspolitik im Rohstoffsektor einstellt wird dabei vorgestellt. Mit einer Bewertung des Modells wird das Kapitel abgeschlossen.

2 Theorie der Handelspolitik

In diesem Kapitel werden theoretische Grundlagen der Handelspolitik erläutert. Im ersten Unterpunkt sollen die Begriffe Handelspolitik, Protektionismus und Freihandel voneinander abgegrenzt werden. Daraufhin wird die strategische Handelspolitik anhand der Brander-Spencer-These erörtert. Die Vorstellung wesentlicher Instrumente der strategischen Handelspolitik schließt das Kapitel ab.

2.1 Außenhandelspolitik, Protektionismus und Freihandel

Nachfolgend werden diese Begrifflichkeiten definiert.

2.1.1 Begriffe und Definitionen

Die Außenwirtschaftspolitik, als Teilgebiet der allgemeinen Wirtschaftspolitik einer Volkswirtschaft, verfolgt die Erreichung gesamtwirtschaftlicher Ziele: Preisniveaustabilität, hoher Beschäftigungsstand, stetiges und angemessenes Wirtschaftswachstum, Außenwirtschaftliches Gleichgewicht.[14] Dabei kann die Außenwirtschaftspolitik weiter in die Außenhandels- und Zahlungsbilanzpolitik, Währungspolitik sowie die Integrationspolitik aufgegliedert werden. Die Außenhandelspolitik (kurz Handelspolitik) umfasst alle Maßnahmen, welche sich auf den internationalen Handel mit Gütern, Dienstleistungen und Rohstoffen auswirken.[15] Der Staat, welcher in diesem Kontext häufig als nationale öffentliche Organisationen[16] bezeichnet wird, initiiert handelspoli-

---

[14] Vgl. Brockhaus Enzyklopädie, URL siehe Literaturverzeichnis.
[15] Vgl. Pollert u.a. (2009), S. 127 und vgl. Rogall (2006), S. 323.
[16] Länder der Europäischen Gemeinschaft haben ihre gesetzgeberische Kompetenz in der Außenhandelspolitik an die Europäische Union abgegeben.

tische Maßnahmen in der heimischen Volkswirtschaft mit dem Ziel der Wohlstands-erhöhung.[17]

Die Handelspolitik beinhaltet zur Beeinflussung der Außenhandelsbeziehungen di-vergente Leitbilder, Ziele und Instrumente. Aus gesamtwirtschaftlicher Sichtweise können Freihandel und Protektionismus unterschieden werden. Der Freihandel ist durch einen generellen Abbau von Handelsbeschränkungen und dem damit verbun-denen vollständigen Verzicht auf staatliche Interventionen gekennzeichnet.[18] Im Ge-gensatz umfasst eine protektionistische Außenhandelspolitik gezielte staatliche Ein-griffe, um den Außenhandel des betrachteten Landes zu steuern. Dabei können Maßnahmen sowohl auf der Import- als auch auf der Exportseite angesetzt werden. Zielsetzung ist die heimische Industrie durch Beschränkungen von Importen zu schützen, sowie die Exportindustrie durch bewusste Maßnahmen zu fördern.[19]

Diese Maßnahmen beeinflussen die Erwartungen inländischer Unternehmen, welche sich ihrerseits auf die Erwartungen ausländischer Unternehmen auswirken. Diese Interdependenzen sind der Auslöser für die Begründung einer aktiven strategischen Handelspolitik, welche im nachfolgenden Gliederungspunkt anhand eines Beispiels erläutert wird.[20]

2.1.2 Strategische Handelspolitik: Die Brander-Spencer-These

Durch die Verfolgung einer strategischen Handelspolitik, und dem damit verbunde-nen Einsatz protektionistischer Instrumente versucht ein Land seine Wohlfahrt zu steigern. Dabei wird davon ausgegangen, dass der Freihandel für das Land kein Wohlfahrtsoptimum schaffen kann und daher staatliche Eingriffe notwendig sind. Durch die Ausweitung komparativer Vorteile können inländische Unternehmen öko-nomische Renten generieren (rent creation) und dadurch eine Wohlfahrtssteigerung herbeiführen. Die andere Alternative ist es, Renten aus dem Ausland ins Inland um-zulenken (rent shifting).[21] Diese letztgenannte Möglichkeit wird nun im folgenden Beispiel aufgezeigt.

---

[17] Vgl. Luckenbach (2010), S. 27.
[18] Vgl. Büter (2010), S. 14.
[19] Vgl. Koch (2006), S. 122.
[20] Vgl. Welzel (1998), S. 2f.
[21] Vgl. Dieckheuer (2001), S. 184.

Die von Brander und Spencer in den 1980er Jahren entworfene These lässt sich unter Zuhilfenahme eines simplen Beispiels anschaulich verdeutlichen. Es konkurrieren zwei Unternehmen (Boeing und Airbus), die jeweils in einem Land (USA und Europa) angesiedelt sind, miteinander. Beide Unternehmen können ein neues Produkt, einen Super-Flieger, produzieren. Dabei ist es jedem Unternehmen nur möglich das Flugzeug entweder ganz oder gar nicht herzustellen.[22] Im Mittelpunkt der Betrachtung steht die Verschiebung der Gewinne in eines der beiden Länder. Dabei liefern beide Unternehmen ihren Super-Flieger ausschließlich in ein drittes Land. Das Drittmarkt-Modell hat den erheblichen Vorteil, dass nur die Interaktionen auf diesem Markt berücksichtigt werden müssen und somit Rückkoppelungen auf die Wohlfahrt der Kunden in Europa und den USA vernachlässigt werden können. Der Gewinn des Unternehmens eines Landes, abzüglich der Kosten für eine staatliche Subvention, ist der Maßstab für einen nationalen Vorteil.[23]

Abbildung 1 zeigt die möglichen Entscheidungsalternativen der beiden Unternehmen. Dabei geben die Zeilen jeweils eine bestimmte Entscheidung bei Boeing wieder, die Spalten entsprechend die Entscheidungen bei Airbus. Zusätzlich enthält jede Box zwei Informationen: im blauen Feld die Erträge von Airbus, im weißen Feld die Erträge von Boeing.

Ausgehend von Abbildung 1 stellt sich folgende Situation ein. Jedes Unternehmen könnte bei alleiniger Produktion Gewinne in Höhe von 150 Einheiten erwirtschaften. Wenn Airbus und Boeing produzieren, realisieren beide jeweils einen Verlust von 10 Einheiten. Nun stellt sich die Frage, welches Unternehmen sich die Gewinne aneignet. Die Antwort ist abhängig davon, welches Unternehmen schneller produziert. Fertigt Boeing den Super-Flieger beispielsweise mit einem kleinen Vorsprung, fehlt der Produktionsanreiz für Airbus. Dieser Fall ist in der oberen rechten Box der Abbildung 1 dargestellt. Boeing erzielt einen Gewinn von 150 Einheiten.

---

[22] Vgl. Krugman u.a. (2012), S. 380.
[23] Vgl. Spencer/Brander (2008), S. 5.

Abbildung 1: Wettbewerb zwischen zwei Unternehmen

Airbus / Boeing	Produktion	Keine Produktion
Produktion	- 10 / - 10	0 / 150
Keine Produktion	150 / 0	0 / 0

Quelle: Eigene Darstellung, in Anlehnung an Krugman u.a. (2012), S. 381.

An diesem Punkt greift die Brander-Spencer-These. Die Europäische Regierung bietet Airbus nach dieser These Subventionen, um die Produktion wieder aufzunehmen. Erhält Airbus Subventionen in Höhe von 50 Einheiten, verändert sich die Ertragslage des europäischen Unternehmens.[24] Dies illustriert die Abbildung 2. Airbus erwirtschaftet nun beim Bau des Super-Fliegers einen Gewinn, selbst wenn Boeing ebenfalls produziert. Hingegen verändert sich die Lage für Boeing unverkennbar. Wenn das US-Unternehmen weiter produziert bedeutet dies Defizite in Höhe von -10 Einheiten. Folglich verschiebt sich der Vorteil und Boeing wird vom Markteintritt abgeschreckt. Die europäische Subvention schränkt somit den Nutzen des frühen Baubeginns Boeings stark ein und verhilft Airbus einen strategischen Vorteil zu erlangen.

Abbildung 2: Die Folgen einer europäischen Subvention für Airbus

Airbus / Boeing	Produktion	Keine Produktion
Produktion	40 / - 10	0 / 100
Keine Produktion	200 / 0	0 / 0

Quelle: Eigene Darstellung, in Anlehnung an Krugman u.a. (2012), S. 381.

Als Resultat verlagert sich das Gleichgewicht von der oberen rechten Box der Abbildung 1 zur unteren linken Box der Abbildung 2. Die zeigt, dass Airbus durch die Subventionen 200 Einheiten Gewinn realisiert. Im vorherigen Fall ohne Subventionen sind es 0 Einheiten Gewinn. Boeing produziert dagegen nicht. Der Vorteil für Europa beläuft sich demgemäß auf dem Gewinn von Airbus abzüglich der Subventionen, die die europäischen Steuerzahler aufwenden müssen. Zusammenfassend kann gesagt

---

[24] Vgl. Krugman u.a. (2012), S. 381.

werden, dass Subventionen den Ertrag inländischer Unternehmen erhöhen, während, ausländische Konkurrenz vom Markteintritt abgehalten wird. Somit ist der Effekt der Subvention eine Verschiebung von strategischen Vorteilen zwischen den konkurrierenden Unternehmen.[25] Folglich beeinflusst die Europäische Handelspolitik die Erwartungen des ausländischen Unternehmens, welche wiederum eine Änderung dessen Optimalverhaltens nach sich ziehen. Infolgedessen werden die Interaktionen von in- und ausländischen Unternehmen zum Vorteil des Inlands beeinflusst. Diese Konstellation bildet den Kern der strategischen Handelspolitik.[26]

Eine logische Folgerung aus diesem Beispiel wäre, dass erfolgreiche strategische Außenhandelspolitik durch staatliche Interventionen generell herbeigeführt werden kann. Ein Eingriff Europas führt zu einer deutlichen Gewinnsteigerung eines europäischen Unternehmens, zu Ungunsten eines ausländischen Mitbewerbers. Demzufolge steigert sich die europäische Wohlfahrt auf Kosten der Wohlfahrt der USA.[27] Bei den bisherigen Überlegungen wird nicht berücksichtigt, dass bei den jeweiligen Regierungen unvollkommene Informationen vorliegen können. Außerdem besteht eine Unsicherheit bei der Antizipation der Verhaltensweise der Konkurrenz. Darüber hinaus bleibt auch das Risiko von Vergeltungsmaßnahmen des Auslands ungeachtet.[28]

In der Ausgangslage erwirtschaften Airbus und Boeing bei einer Produktion jeweils einen Verlust von -10 Einheiten (Abbildung 1, obere linke Box). Nun wird angenommen, dass sich dies aufgrund unvollkommener Informationen nachweislich als irrtümlich herausstellt

Abbildung 3: Wettbewerb zwischen zwei Unternehmen: Ein alternativer Fall

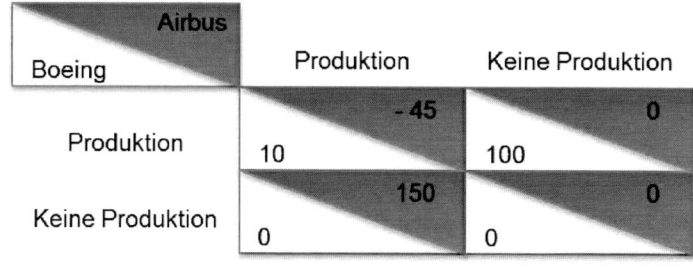

Quelle: Eigene Darstellung, in Anlehnung an Krugman u.a. (2012), S. 382.

---

[25] Vgl. Spencer/Brander (2008), S. 6.
[26] Vgl. Welzel (1998), S. 3.
[27] Vgl. Krugman u.a. (2012), S. 382.
[28] Vgl. Maennig/Wilfling (1998), S. 250 und Krugman u.a. (2012), S. 382.

Wie in der oberen linken Box in Abbildung 3 dargestellt, erwirtschaften Boeing tatsächlich 10 Einheiten und Airbus -45 Einheiten. Bei einer gleichbleibenden europäischen Subvention von 50 Einheiten wird Airbus mit der Produktion beginnen. Boeing macht nun allerdings, anders als bisher angenommen, ebenfalls Gewinn. Boeing bleibt trotz des Markteintritts von Airbus auf dem Markt und erzielt einen Gewinn von 10 Einheiten. Ein langfristiges Gleichgewicht stellt sich demzufolge in der linken oberen Box der Abbildung 3 ein. Der europäische Nettonutzen der Subvention ist negativ. Durch diese Fehlannahme unterstützt Europa langfristig eine ineffiziente Industrie.[29]

Die Entscheidung, ob ein strategisches handelspolitisches Eingreifen sinnvoll ist, setzt eine präzise Bewertung des vorliegenden Sachverhalts voraus. Dabei stellt sich die Frage, ob die, zur erfolgreichen Anwendung dieser These, erforderliche Datenmenge überhaupt erfasst werden kann.[30] Insgesamt gesehen, gehen wichtige Impulse von der strategischen Handelspolitik aus, doch angesichts der empirischen und praktischen Schwierigkeiten ist die Optimalität des Freihandels nicht entkräftet.[31] Seinerzeit tätigt der US-Ökonom Robert E. Baldwin eine zutreffende Aussage: „The new trade theorists are very much aware of the practical limitations of their arguments, and they believe that, as a rule of thumb, free trade is the best policy for countries to follow".[32]

Mit Hilfe des vorangegangenen Beispiels wird eine mögliche Begründung für eine aktive strategische Handelspolitik auf einem duopolistischen Markt gegeben und darauffolgend ihre Gültigkeit kritisch hinterfragt. Die Auswirkungen handelspolitischer Maßnahmen bei Rohstoffen auf nachgelagerte Industrien, welche den Rohstoff als Produktionsfaktor einsetzen, bleiben bei diesem Modell unberücksichtigt. Daher wird im vierten Kapitel modellhaft gezeigt, welche Auswirkungen ein protektionistisches Verhalten bei Rohstoffen haben kann.

---

[29] Vgl. Maennig/Wilfling (1998), S. 250f.
[30] Vgl. Krugman u.a. (2012), S. 382f.
[31] Vgl. Maennig/Wilfling (1998), S. 253.
[32] Baldwin (1992), S. 826.

2.2 Instrumente strategischer Handelspolitik

Dieses Kapitel befasst sich mit Instrumenten, mit denen eine strategische Außen-handelspolitik umgesetzt und deren Ziele verfolgt werden können. Da in der vorlie-genden Arbeit strategische Rohstoffe als Schwerpunkt betrachtet werden, sollen im Folgenden ausschließlich Maßnahmen, die bei Rohstoffen Anwendung finden, vor-gestellt werden.

Seit geraumer Zeit widmen handelspolitische Entscheidungsträger, zur Erreichung bestimmter Zielen, Exportbeschränkungen eine hohe Aufmerksamkeit. In diesem Zusammenhang werden Exportrestriktionen definiert als Maßnahmen, die direkt den Export beeinflussen. Typische Werkzeuge zur Exportbeschränkung sind Exportzölle und Abgaben, Exportverbote, Exportquoten, Exportkontingente, Exportlizenzen und Minimumausfuhrpreise.[33]

2.2.1 Tarifäre Maßnahmen

In der Regel setzen Länder vornehmlich Exportzölle, -steuern und -abgaben als ta-rifäre protektionistische Maßnahmen ein. Zu den tarifären Maßnahmen können auch verordnete Minimumausfuhrpreise gezählt werden. Exportzölle treten in der Regel in Form von Wertzöllen oder spezifischen Zöllen auf. Beim Wertzoll erhebt das Export-land einen festgesetzten Prozentsatz des Warenwertes als Gebühr. Im Gegensatz dazu bezieht sich der spezifische Zoll auf die Mengeneinheit (z.B. Gewicht, Stück-zahl), die charakteristisch für die zu exportierenden Waren ist. Folglich ist pro Men-geneinheit eine fixe Abgabe zu entrichten.[34] Alle Arten von Exportzöllen steigern die Kosten für den Export und senken aufgrund dessen das Exportvolumen.[35]

Die durch den Zoll entstehenden Preis- und Mengenänderungen können durch eine Partialanalyse dargestellt werden. Dabei wird ein Teilbereich der Volkswirtschaft, der Exportgutsektor, betrachtet. Darüber hinaus wird davon ausgegangen, dass der Staat seine Zolleinnahmen ausnahmslos für zusätzliche Ausgaben nutzt.[36] Es sei angenommen, dass zwei Länder (Inland und Ausland) beide ein Gut nachfragen und produzieren. Das Gut ist zwischen beiden Ländern mobil. Zusätzlich liegt bei beiden

---

[33] Vgl. Kim (2010), S. 5f.
[34] Vgl. Korinek/Kim (2010), S. 11.
[35] Vgl. Kim (2010), S. 6.
[36] Vgl. Maennig/Wilfling (1998), S. 167.

Ländern in der produzierenden Industrie vollständiger Wettbewerb vor, sodass die Angebots- und Nachfragekurven Funktionen des Marktpreises sind.[37] Des Weiteren wird der Wechselkurs als konstant angenommen. Folglich kann der Preis in inländischer Währung gemessen werden.[38]

Auf diesem Markt kommt es zum internationalen Handel, falls sich die Preise in den Ländern vor Aufnahme des Außenhandels unterscheiden. Es wird unterstellt, dass vor Beginn des Außenhandels der Preis für das Gut im Inland niedriger ist als im Ausland. Kommt es nun zum Außenhandel, so wird das Inland das Gut ins Ausland transportieren, da der Auslandspreis den Inlandspreis übersteigt. Dieser Export senkt den Auslandspreis und lässt den Inlandspreis ansteigen, bis die Preisdisparität ausgeglichen ist.

Mit der Ableitung der **Importnachfragekurve** des Auslands und der **Exportangebotskurve** des Inlands ist es möglich den Weltpreis und das Handelsvolumen zu bestimmen. Die Ableitung erfolgt anhand ihrer gegebenen heimischen Angebots- und Nachfragekurve. Das Exportangebot vom Inland ist der Produktionsüberschuss, welcher die von den Inlandskonsumenten nachgefragte Menge übersteigt. Umgekehrt ist die Importnachfrage des Auslands die nachgefragte Gütermenge, welche die bereitgestellte Angebotsmenge übersteigt.[39]

Abbildung 4: Die Ableitung der Importnachfrage des Auslands

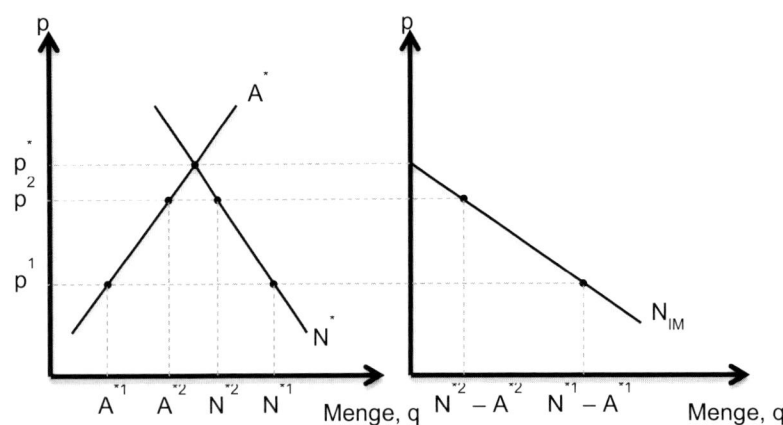

Quelle: Eigene Darstellung, in Anlehnung an Krugman u.a. (2012), S. 276.

---

[37] Vgl. Krugman u.a. (2012), S. 275.
[38] Vgl. Maennig/Wilfling (1998), S. 167.
[39] Vgl. Krugman u.a. (2012), S. 275.

Abbildung 4 präsentiert die Importnachfrage des Auslands. Bei einem Preis von p^1 bieten ausländische Produzenten A^{*1} an, jedoch beträgt die Nachfrage der ausländischen Konsumenten nach dem Gut N^{*1}. Somit ergibt sich eine Importnachfrage des Auslands von $N^{*1} - A^{*1}$. Bei p^2 in der Abbildung 4 steigt die Angebotsmenge auf A^{*2} an. Die Nachfrage der Konsumenten sinkt dabei auf N^{*2}. Dadurch sinkt auch die Importnachfrage auf $N^{*2} - A^{*2}$. Diese Preis-Mengen-Beziehungen sind im rechten Graph der Abbildung 4 gekennzeichnet. Die Importnachfragekurve N_{IM} verläuft fallend, da mit zunehmendem Preis die nachgefragte Importmenge sinkt. Im Punkt p^* befinden sich A^* und N^* im Gleichgewicht. Folglich ist dort die Importnachfragekurve gleich Null. Analog hierzu kann auch die, in Abbildung 5b dargestellte, Exportangebotskurve A_{EX} des Inlands hergeleitet werden, worauf an dieser Stelle allerdings verzichtet wird.

Der Weltmarkt in Abbildung 5b stellt im Schnittpunkt der Importnachfragekurve N_{IM} und der Exportangebotskurve A_{EX} das Weltgleichgewicht dar. Das Preisniveau im Weltgleichgewicht ist p_w.

Für die Analyse der Preis- und Mengenänderungen wird nun davon ausgegangen, dass das Inland einen spezifischen Exportzoll pro Mengeneinheit z einführt. Die Abbildung 5 zeigt die Auswirkungen der Einführung des Exportzolls. Ohne einen Zoll liegt der Gleichgewichtspreis sowohl im Inland als auch im Ausland bei p_w, das heißt in Punkt 1 der Abbildung 5b. Führt das Inland nun einen Exportzoll ein, sind die Anbieter erst bereit das Gut vom Inland ins Ausland zu liefern, wenn der Auslandspreis den Inlandspreis um mindestens z übersteigt. Falls kein Export des Gutes stattfindet entsteht im Inland ein Angebotsüberhang und im Ausland ein Nachfrageüberhang. Aus diesem Grund wird der Inlandspreis so lange sinken und der Auslandspreis so lange steigen, bis die Preisdiskrepanz bei z angelangt ist.[40] Dies wird in Abbildung 5 deutlich. Der Preis im Inland sinkt auf p_z, konträr dazu steigt der Preis im Ausland auf $p^*_z = p_z + z$ an. Die inländischen Konsumenten erhöhen darauf ihre Nachfrage, wogegen die inländischen Anbieter ihre Angebotsmenge senken. Diese Veränderung bewirkt eine Verschiebung auf der Exportangebotskurve (Bewegung von Punkt 1 zu Punkt 3 auf der A_{EX}-Kurve). Im Ausland erhöhen die Produzenten ihr Angebot und die Konsumenten verringern ihre Nachfrage aufgrund des gestiegenen Preises. Folglich findet hier eine Verschiebung auf der Importnachfragekurve statt (Bewegung von

---

[40] Vgl. Ebenda, S. 277.

Punkt 1 zu Punkt 2 auf der N_{IM}-Kurve). Dies bewirkt eine Veränderung des Handelsvolumens. Gegenüber der gehandelten Menge bei Freihandel q_w, verringert sich die Handelsmenge nach Einführung des Exportzolls auf q_z.

Abbildung 5: Auswirkungen des Exportzolls

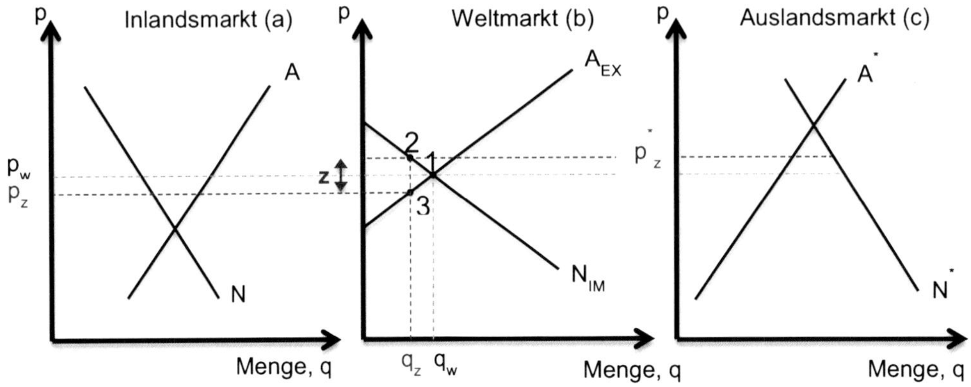

Quelle: Eigene Darstellung, in Anlehnung an Krugman u.a. (2012), S. 278.

Die getroffenen Annahmen gelten nur, wenn das Land, welches den Exportzoll einführt ein relativ großes ist. Ist das Inland klein, so hat der Rückgang des inländischen Angebots keine Auswirkungen auf den Weltmarktpreis. Bei einem großen Land führt hingegen der inländische Angebotsrückgang zu einem Anstieg des Weltgleichgewichtspreis und folglich zum Rückgang der Handelsmenge des Gutes.[41]

2.2.2 Nicht-tarifäre Maßnahmen

Neben dem Exportzoll setzen Länder auch zunehmend nicht-tarifäre Maßnahmen, welche die quantitative Menge ihrer Ausfuhren direkt beschränken, ein. Die extremste Form von Beschränkungen ist ein Exportverbot. Weitere Maßnahmen sind Exportquoten respektive eine Exportobergrenzen. Diese Instrumente der Ausfuhrländer, dämmen das Gesamthandelsvolumen des betroffenen Gutes.[42] Im Gegensatz dazu reglementieren Exportlizenzen die Anzahl der Exporteure, die ein Gut tatsächlich ins Ausland verkaufen können. Im Falle besonders strikter Anforderungen, eines aufwendigen oder kostspieligen Antragsverfahrens oder einer beschränkten Anzahl von Lizenzen, können Exportlizenzen die Exportmenge beeinflussen.[43]

---

[41] Vgl. Piermartini (2004), S. 3.
[42] Vgl. Kim (2010), S. 6.
[43] Vgl. Korinek/Kim (2010), S. 11.

Um die Auswirkungen der Einführung einer Exportquote auf den Weltpreis und das Handelsvolumen zu untersuchen, soll das im vorherigen Gliederungspunkt angewandte Partialmodell herangezogen werden.

Abbildung 6: Auswirkungen einer Exportquote

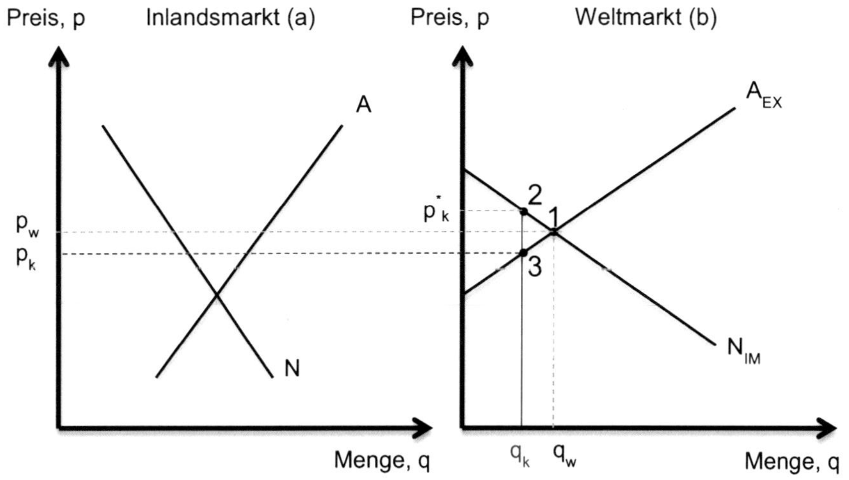

Quelle: Eigene Darstellung.

Abbildung 6 stellt die Auswirkungen einer Exportquote dar. Bei freiem Handel stellt sich in Punkt 1 das Weltgleichgewicht ein. Dort schneidet sich die Importnachfragekurve des Auslands N_{IM} mit der Exportangebotskurve des Inlands A_{EX}. Für das Inland wie auch für das Ausland ergibt sich an dieser Stelle ein Preis für das Gut von p_w und ein Handelsvolumen q_w. Angenommen, das Inland führt eine verpflichtende Exportquote für das Gut ein, die kleiner als q_w ist. Diese Restriktion erlaubt es inländischen Exporteuren nicht mehr, als die festgelegte Exportmenge q_k an das Ausland zu liefern. Aufgrund des Rückgangs der Exportmenge (Bewegung von Punkt 1 zu Punkt 3 auf der Exportangebotskurve) vergrößert sich das inländische Angebot des Gutes. Folglich sinkt der Binnenpreis für das Gut auf p_k. Konträr dazu steigt der Preis im Ausland aufgrund des verringerten Exportangebots auf p^*_k.

Daraus wird ersichtlich, dass Exportzoll und Exportquote die gleichen Auswirkungen auf Preise und Handelsvolumen eines Gutes haben. Durch einen Zoll erzielt der Staat, im Gegensatz zu einer Quote, Einkünfte. Im Falle einer Exportquote, fließen die Einkünfte, die im Falle eines Zolls an den Staat gegangen wären, stattdessen an die inländischen Exporteure. Diese können die Güter zu einem erhöhten Preis ins

Ausland verkaufen. Die dadurch erzeugten Gewinne der Exporteure werden als Quotenrenten bezeichnet.[44]

Der Einsatz der vorgestellten Instrumente ist gewissen Regeln untergeordnet. Regeln im internationalen Handel sind vorwiegend mit der Welthandelsorganisation (WTO) verbunden. Die Mitglieder[45] der WTO verpflichten sich bei ihrem Beitritt, das WTO-Abkommen und die Multilateralen Handelsabkommen in ihrer Gesamtheit zu akzeptieren.[46] Die zuvor präsentierten Maßnahmen betreffen ausschließlich die Ausfuhrseite. Deshalb sollen nachfolgend in aller Kürze jene WTO-Regeln bei Ausfuhrbeschränkungen vorgestellt werden.

Artikel XI:1 des General Agreement on Tariffs and Trade (GATT[47]) stellt die wichtigste WTO-Regel in Bezug auf Exportrestriktionen dar. Der Artikel erlaubt die Anwendung von Exportsteuern, -zöllen sowie -abgaben und verbietet andererseits alle anderen Maßnahmen, die die Exportmenge eines Gutes beschränken können. Hierzu zählen nicht-tarifäre Exportrestriktionen wie Quoten, Kontingente, Verbote, Minimumausfuhrpreise und nicht-automatische Lizenzierungsvorschriften für Exporteure.[48] Es ist zusätzlich noch zu erwähnen, dass einige Länder, wie beispielsweise China, bei ihren jeweiligen WTO-Beitrittsvertrag länderspezifische Zusagen gemacht haben, Exportzölle entweder zu senken oder komplett zu beseitigen.[49]

Ausnahmen des Artikels XI:1 des GATT bilden die Artikel XI:2 (a), Artikel XX und Artikel XXI. Sie erlauben in Ausnahmefällen quantitative Beschränkungen einzuführen. Artikel XI:2 (a) erlaubt jedem Mitglied temporär Exportbeschränkungen einzuführen, um eine kritischen Lebensmittellage zu vermeiden oder zu entlasten. Die in der vorliegenden Rohstoffthematik weitaus interessantere Ausnahmeregelung ist im Artikel XX vorzufinden. Dieser erlaubt Ländern unter „gewissen Bedingungen" quantitative Beschränkungen einzuführen. Gründe für quantitative Beschränkungen sind beispielsweise die Erhaltung einer natürlichen Ressource oder die Gewährleistung der Versorgungssicherheit der inländischen verarbeitenden Industrie.[50] „Gewisse Bedin-

---

[44] Vgl. Ruta/Venables (2012), S. 16f.
[45] Über 155 Mitglieder u.a. sind das die Mitgliedsstaaten der Europäischen Union, China, Russland, USA, Japan.
[46] Vgl. Beise (2001), S. 170.
[47] Das GATT ist ein elementares Handelsabkommen der WTO. Es ist ein Allgemeines Zoll- und Handelsabkommen das 1948, zum Abbau von Zöllen, Abgaben und anderen Hemmnissen im internationalen Handel, in Kraft trat.
[48] Vgl. Kim (2010), S. 14.
[49] Vgl. Van den Hende u.a. (2009), S. 1f.
[50] Vgl. Kim (2010), S. 14f.

gungen" sind nicht näher definiert und lassen den Ländern daher einen Interpretationsspielraum.

Nachdem dieses Kapitel tarifäre und nicht-tarifäre Instrumente, sowie deren internationale Legitimität betrachtet hat, soll im nachfolgenden dritten Kapitel die Verknüpfung mit strategischen Rohstoffen erfolgen.

3 Strategische Rohstoffe und existierende Exportrestriktionen

Im vorliegenden Kapitel wird auf die Merkmale strategischer Rohstoffe eingegangen. Darüber hinaus werden zwei bedeutende strategische Rohstoffe explizit betrachtet und in Bezug auf Exportbeschränkungen analysiert.

3.1 Merkmale strategischer Rohstoffe

Rohstoffe sind essentiell für die effiziente Funktionsfähigkeit einer Volkswirtschaft. Erdöl und Erdgas stehen in diesem Zusammenhang oft im Fokus, während Nicht-Energierohstoffen, wie Mineralen und Metallen, nicht dieselbe Aufmerksamkeit gewidmet wird.[51]

Gerade industrielle Mineralien sind für eine Vielzahl von nachgelagerten Industrien unentbehrlich. Es ist weitestgehend unbekannt, dass beispielsweise das Mineral Feldspat in der Produktion von Fernseh- und Computerbildschirmen oder in Autoscheinwerfern zum Einsatz kommt. Ebenso ist die Verwendung von Kieselsäure in Produkten wie Geschirr, Schmuck und Wand- und Bodenfliesen nicht geläufig. Die gleiche Bedeutung misst man auch Metallen zu. Auch diese sind wesentliche Vorrausetzungen für moderne industrielle Aktivitäten. Neben allgemein bekannten Metallen, wie Kupfer oder Aluminium, sind sogenannte High-Tech Metalle für die Produktion hochentwickelter Erzeugnisse notwendig. Moderne Automobile, Smartphones und viele weitere Produkte erfordern eine Vielzahl an Metallen, wie Antimon, Kobalt, Tantalum, Wolfram und Molybdän. Die High-Tech Metalle sind auch elementar für neue

---

[51] Vgl. Europäische Kommission (2010), S. 11.

umweltfreundliche Produkte. Elektroautos benötigen Lithium und Neodym. Solarpanels wiederum Indium, Germanium, Gallium und Tellur.[52]

Folgend muss geklärt werden, welche Besonderheiten Rohstoffe aufweisen müssen, um sie als strategisch bezeichnen zu können. Eine rechtlich bindende und anerkannte Definition strategischer Rohstoffe existiert nicht.[53] Nach Definition der Europäischen Kommission werden jene Rohstoffe als strategisch bezeichnet, „bei denen das Risiko eines Versorgungsengpasses in den nächsten zehn Jahren besonders groß ist und die als besonders wichtig für die Wertschöpfungskette betrachtet werden. Das Risiko von Versorgungsengpässen steht im Zusammenhang mit der Konzentration der Produktion auf einige wenige Länder und die geringe politische und wirtschaftliche Stabilität mancher Lieferanten. Zu diesem Risiko kommt in einigen Fällen erschwerend hinzu, dass der Rohstoff nur schwer ersetzt werden kann und seine Rückgewinnungsquote gering ist. In vielen Fällen ist eine stabile Versorgungssituation ein wichtiges Element der Zielsetzungen der Klimapolitik und der technologischen Innovation."[54]

Nachfolgend werden in dieser wissenschaftlichen Arbeit die Kriterien, welche aus dem Bericht einer Ad-hoc Arbeitsgruppe der Europäischen Kommission zur Bewertung eines strategischen Rohstoffes[55] hervorgehen, vorgestellt.

Die drei wesentlichen Hauptkriterien sind hierbei die wirtschaftliche Bedeutung, das Versorgungsrisiko und das ökologische Länderrisiko. Die **wirtschaftliche Bedeutung** eines Rohstoffes wird anhand der Wertschöpfung in verschiedenen Wirtschaftssektoren bemessen. Eine Gewichtung erfolgt entsprechend dem Anteil der Verwendung eines bestimmten Rohstoffs im jeweiligen Wirtschaftssektor. Das **Versorgungsrisiko** beinhaltet eine aggregierte Bewertung der Kriterien regionale Konzentration von Rohstoffvorkommen, politische und wirtschaftliche Stabilität der wichtigsten Förderländer, Substituierbarkeit und Recyclingrate des betrachteten Rohstoffes. Das Kriterium des **ökologischen Länderrisikos** bemisst das Potential für Um-

---

[52] Vgl. ebenda.
[53] Vgl. Rat für Nachhaltige Entwicklung (2011), S. 23.
[54] Europäische Kommission (2011), S. 13.
[55] Die Europäische Kommission verwendet statt „strategische Rohstoffe" den Ausdruck „kritische Rohstoffe", um den militärischen Charakter des Terms zu vermeiden. In dieser Arbeit soll der Ausdruck strategisch verwendet werden, wobei dieses gleichbedeutend mit kritisch zu sehen ist.

weltmaßnahmen, die den Zugang zu Rohstofflagerstätten oder das Rohstoffangebot des jeweiligen Förderlandes beschränken.[56]

Tabelle 1: Die drei Hauptförderländer bei ausgewählten Rohstoffen 2011

Metalle	Erster		Zweiter		Dritter		Kum. %
Niob	Brasilien	92,06%	Kanada	6,98%	USA	0,95%	**100,00%**
Seltene Erden	China	97,32%	Indien	2,25%	Brasilien	0,41%	**99,98%**
Beryllium	USA	87,50%	China	9,17%	Mozambique	0,83%	**97,50%**
Vanadium	China	38,33%	Südafrika	33,33%	Russland	25,00%	**96,67%**
Antimon	China	88,76%	Bolivien	2,96%	Südafrika	1,78%	**93,49%**
Platin	Südafrika	72,40%	Russland	13,54%	Kanada	5,21%	**91,15%**
Tungsten	China	83,33%	Portugal	4,31%	Kanada	2,78%	**90,42%**
Lithium	Chile	37,06%	Australien	33,24%	China	15,29%	**85,59%**
Indium	China	53,13%	Südkorea	15,63%	Japan	10,94%	**79,69%**
Germanium	China	67,80%	Russland	4,24%	USA	2,54%	**74,58%**

Quelle: Eigene Berechnungen, basierend auf den Daten des U.S. Geological Survey (2012).

Das Kriterium Versorgungsrisiko umfasst unter anderem die regionale Konzentration der Rohstoffförderung und die damit einhergehende Abhängigkeit der rohstoffarmen Länder von nur wenigen Förderländern. Die Tabelle 1 zeigt die drei größten Förderländer bei ausgewählten Rohstoffen. Bei allen hier aufgeführten Rohstoffen fördern drei Länder weit mehr als die Hälfte der weltweiten Abbaumenge. Bei einigen sogar knapp 100% der weltweiten Fördermenge. Dies trifft bei Seltenen Erden zu, wobei 99,98% der weltweiten Förderung durch drei Länder erfolgt. Weitere Beispiele sind die Rohstoffe Antimon (93%) und Platin (91%). Der Rohstoff Niob wird ausschließlich in zwei Ländern gefördert. Markant ist auch, dass bei einigen Rohstoffen mehr als die Hälfte der weltweiten Fördermenge auf ein Land entfällt. Ein Beispiel hierfür ist China. Bei den Rohstoffen Germanium, Seltenen Erden, Tungsten, Indium und Antimon weist China mehr als 50% der weltweiten Fördermenge auf.

Obwohl die Förderung der ausgewählten Rohstoffe sehr konzentriert ist, impliziert dies nicht zwangsläufig, dass auch die zukünftige Förderung annähernd geographisch so gebunden sein muss. Um zukünftige Fördermöglichkeiten zu bestimmen,

---

[56] Vgl. Europäische Kommission (2010), S. 24f.

müssen zusätzlich die jeweiligen Rohstoffreserven untersucht werden. Die Reserven umfassen alle bekannten derzeit geförderten oder nicht geförderten Vorkommen des Minerals. Außerdem zählen zu den Reserven auch diejenigen Vorkommen, die derzeit zu gegebenen technischen Möglichkeiten, Preisen und Produktionsstrategien nicht wirtschaftlich verfügbar sind. Dabei ist die zukünftige Fördersituation divergent. Bei den Reserven einiger ausgewählter Rohstoffe liegt im Gegensatz zu deren Förderung eine geographische Konzentration vor. Andere Rohstoffreserven sind dagegen weiter verteilt.[57]

Bei der Untersuchung von 41 Rohostoffen auf die Kriterien der wirtschaftlichen Bedeutung und das Versorgungsrisiko für die EU werden 14 Rohstoffe[58] als strategisch eingestuft.[59] Abbildung 7 illustriert dieses Ergebnis. Auf der Abszisse des Diagramms ist dabei die wirtschaftliche Bedeutung abgetragen. Die Rohstoffe ordnen sich von sehr gering (Diatomit) bis sehr bedeutend (Mangan) ein. Eine Einordnung auf der linken Seite bedeutet dabei allerdings nicht, dass diese Rohstoffe eine geringere Bedeutung für die Volkswirtschaft haben. Die Ordnung nach der wirtschaftlichen Bedeutung soll deutlich machen, dass ein potentieller Versorgungsengpass mit Rohstoffen auf der rechten Seite einen größeren Teil der Ökonomie treffen könnte. Dabei, sollte im Falle einer geringen Bedeutung des Rohstoffs für die Wirtschaft beachtet werden, dass ein Versorgungsproblem die Entwicklung sehr spezifischer Bereiche der Volkswirtschaft beinträchtigen kann. Die Ordinatenachse stellt das Versorgungsrisiko der einzelnen Rohstoffe dar. Ein hohes Versorgungsrisiko ergibt sich dabei für Rohstoffe, die in wenigen Ländern gefördert werden. Darüber hinaus ist die Förderung durch politische und wirtschaftliche Instabilität gekennzeichnet und es liegt eine relativ geringe Recyclingquote sowie eine geringe Substituierbarkeit vor. Rohstoffe werden von sehr geringem (Titan) bis sehr hohem (Seltenen Erden) Versorgungsrisiko eingeteilt.

Abbildung 7 lässt sich in drei Felder aufgliedern. Das relevante Cluster ist jenes, welches sich im rot-gestrichelten Grenzbereich der oberen rechten Ecke befindet. Hier sind diejenigen Rohstoffe gelegen, die aufgrund ihrer wirtschaftlichen Bedeutung und des Versorgungsrisikos gegenwärtig als strategische eingestuft werden. Das hohe Versorgungsrisiko ist unter anderem durch die Tatsache bedingt, dass der Großteil

---

[57] Vgl. Korinek/Kim (2010), S. 9f.
[58] Antimon, Beryllium, Flussspat, Gallium, Germanium, Graphit, Indium, Kobalt, Magnesium, Niob, die Platingruppenelemente, die Elemente der Seltenen Erden, Tantal und Wolfram.
[59] Vgl. Europäische Kommission (2010), S. 34.

der weltweiten Förderung in der Volksrepublik China (beispielsweise Seltene Erden, Germanium, Antimon), Südafrika (Platingruppenelemente) und Brasilien (Niob, Tantal) stattfindet (siehe Tabelle 1).

Abbildung 7: Wirtschaftl. Bedeutung/Versorgungsrisiko von Rohstoffen für die EU

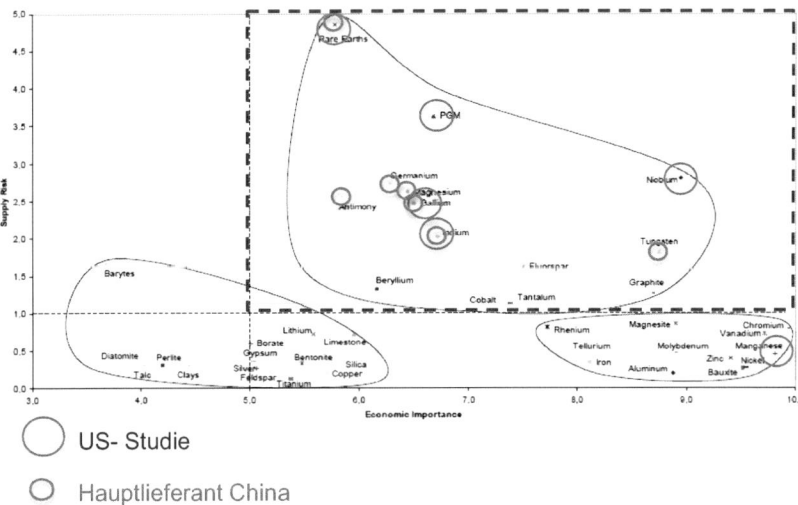

◯ US- Studie

◯ Hauptlieferant China

Quelle: EU-Kommission (2010), S. 34 (ergänzt).

Eine vergleichbare US Studie des National Research Council aus dem Jahre 2007 bestätigt diese Ergebnisse auch für die US Wirtschaft. Diese Studie ordnet eine Vielzahl strategischer Rohstoffe, wie die EU-Kommission ein, darunter unter anderem Gallium, Indium und die Elemente der Seltenen Erden. Ein zusätzlicher strategischer Rohstoff aus Sicht der US Wirtschaft, der vor allem in der Stahl- und Gusseisenindustrie zum Einsatz kommt, ist Mangan.[60] Eine weitere Studie, die den Fokus auf die Identifikation bedeutsamer Rohstoffe für die deutsche Industrie legt, kommt teilweise zu identischen Ergebnissen. Auch für die deutsche Industrie sind Rohstoffe wie beispielsweise Germanium, Antimon und die Elemente der Seltenen Erden strategisch. Hinzu kommen noch weitere Elemente wie Zinn, Rhenium und Silber, die in der EU-Studie als nicht strategisch eingestuft werden.[61]

Bei den Studien spielt der Betrachtungswinkel, das heißt aus Sicht welchen Landes oder welcher Wirtschaftsregion analysiert wird, eine entscheidende Rolle. Des Weiteren sind die jeweiligen Untersuchungen auch eine Momentaufnahme, wobei sich insbesondere die wirtschaftliche Bedeutung für manche Rohstoffe relativ schnell ändern

---

[60] Vgl. US National Research Council (2007) S. 80ff.
[61] Vgl. Institut für Zukunftsstudien und Technologiebewertung (2011), S. 43ff.

kann.[62] Viele strategische Rohstoffe werden für hochtechnologische Produkte benötigt, welche sich auf schnell veränderten Märkten befinden. Deshalb können mögliche Technologieänderungen eine Verschiebung der Rohstoffnachfrage nach sich ziehen.[63] Während des Rohstoffbooms in den 1970er Jahren wird in allen Studien Chrom die höchste Kritikalität beigemessen. Heute wird Chrom nur selten in Studien erwähnt, auf der EU-Liste fehlt es sogar. Für das Seltene-Erden-Element Scandium, gibt es vor 30 Jahren keine praktische Anwendung. Inzwischen ist es ein begehrtes Legierungsmetall.[64] Aus einer Studie des Bundeswirtschaftsministeriums geht hervor, dass die Nachfrage nach Scandium für Zukunftstechnologien im Jahre 2030 die Rohstoffproduktion in 2006 mit dem Faktor 2,3 übersteigen wird. Demnach wird Scandium bereits heute als bedeutender Rohstoff für Zukunftstechnologien eingeordnet.[65]

3.2 Untersuchung ausgewählter strategischer Rohstoffe

Nachdem im vorherigen Abschnitt Merkmale genannt wurden, welche die Einordnung eines Rohstoffs als strategisch oder nicht strategisch ermöglichen, sollen nachfolgend nun zwei strategische Rohstoffe auf bestehende Exportrestriktionen der Förderländer analysiert werden.

Als strategische Rohstoffe werden die Elemente der Seltenen Erden und zum anderen der Rohstoff Germanium ausgewählt. Bei beiden Rohstoffen ist die EU zu 100% von Exportländern abhängig, da kein primärer Abbau in der EU stattfindet. Auf der Versorgungsseite bestehen hohe Länderrisiken für den Import durch die Abhängigkeit von nur einigen Förderländern, insbesondere von der Volksrepublik China.[66] Nachfolgend werden die beiden Rohstoffe nun näher betrachtet.

---

[62] Vgl. Europäische Kommission (2010), S. 47.
[63] Vgl. Korinek/Kim (2010), S. 6.
[64] Vgl. Wellmer (2012), S. 9.
[65] Vgl. Angerer u.a. (2009), S. 313.
[66] Vgl. Sievers/Tercero (2012), S. 2ff.

3.2.1 Seltene Erden

Unter dem Begriff Seltene Erden sind 17 chemisch ähnliche Elemente[67] zusammen-gefasst, deren Abbau in Lagerstätten wiederum nur zusammen erfolgen kann. Das wirtschaftliche Interesse an dieser Rohstoffgruppe hat in den letzten Jahren, auf-grund des Einsatzes in Hightech-Produkten und für Energiespartechnologien, stetig zugenommen. Die Hauptanwendungsbereiche der Seltenen Erdelemente (SEE) sind KFZ-Katalysatoren, Magnete, Metallurgie, Polituren und Leuchtmittel.[68] Weiteren Einsatz finden die Seltenen Erden in der Herstellung vieler Konsumgüter (beispiels-weise Notebooks, LCD-Bildschirme und Digitalkameras), sowie in „grüner" Technolo-gie wie Windkraftanlagen, Elektroautos und Energiesparlampen.[69]

3.2.1.1 Gegenwärtige Marktsituation

2011 wird die Produktion von Seltenen Erden weltweit auf knapp 135.000 Tonnen geschätzt. Hauptförderländer sind China (130.000 Tonnen), Indien (3.000 Tonnen) und Brasilien (550 Tonnen). Die Fördermengen verdeutlichen die nahezu monopolis-tische Stellung Chinas in der Weltproduktion. Jedoch sind die weltweiten Reserven, die sich Schätzungen zu Folge auf 110 Mio. Tonnen belaufen, mehr in der Welt ver-teilt. Überwiegend befinden sich diese in China, den USA, Australien, den GUS[70]-Staaten und in Indien.[71] Die weltweite Nachfrage nach Seltenen Erden wird 2011 auf rund 137.000 Tonnen geschätzt.[72] Der Nachfrageüberhang wird dabei durch Lager-bestände und Halden auf Abruf gedeckt wird. Laut Prognosen soll die weltweite Nachfrage 2015 zwischen 185.000 Tonnen und 210.000 Tonnen betragen.[73] Zu den wichtigsten Importeuren von Seltenen Erden gehören im Jahr 2008 Europa, USA und Japan. Sie importieren rund 78.000 Tonnen, 90% davon aus China.[74]

Gegenwärtig ist das Angebot an Seltenen Erden auf dem Weltmarkt nahezu aus-schließlich durch China bestimmt. Die steigende Nachfrage und rückläufige chinesi-sche Ausfuhrzahlen führen dazu, dass viele neue Förderprojekte für Abbauminen

---

[67] Die Selten-Erden-Elemente werden im Wesentlichen in zwei Gruppen unterteilt: in leichte Seltene Erden (LREE) und in schwere Seltene Erden (HREE).
[68] Vgl. Liedtke/Elsner (2009), S. 1f.
[69] Vgl. Öko-Institut e.V. (2011), S. 1.
[70] Verbindung von elf souveränen Staaten, die früher Teil der UdSSR waren.
[71] Vgl. U.S. Geological Survey (2012), S. 128.
[72] Vgl. Roland Berger (2012), URL siehe Literaturverzeichnis.
[73] Vgl. Humphries (2012), S. 3ff.
[74] Vgl. Öko-Institut e.V. (2011), S. 4.

außerhalb Chinas geplant sind. Aktuellste Projekte sind dabei die Wiedereröffnung der Mine Mountain Pass in Kalifornien (Molycorp Minerals) und einer neuer Seltene-Erde-Mine am Mountain Welt in Australien (Lynas).[75]

Der Handel von Seltenen Erden findet im Wesentlichen als Oxide (SEO) oder Metalle unterschiedlicher Reinheit statt. Dabei werden die Preise zwischen dem Anbieter und dem Nachfrager ausgehandelt, ein Börsenhandel findet nicht statt. Zwischen 2004 und 2007 sinken die Preise für die leichten Seltenen Erden (Cer und Lanthan) sowie Yttrium. Dahingegen erleben insbesondere diejenigen Seltenen Erden, die in Leuchtmitteln und Permanentmagneten eingesetzt werden (Europium, Terbium, Dysprosium, Neodym und Prasodym) bis 2008 einen Preisanstieg. Von 2007 bis Mitte 2008 steigen die Preise für nahezu alle Seltenen Erden stark an. Mit dem Beginn der Weltwirtschaftskrise 2008 sinken die Preise der meisten Seltenen Erden in unterschiedlichstem Maße wieder.[76] 2010 und 2011 steigen die Preise für Seltene-Erden-Oxide und Metalle wieder rapide an, gehen aber zu Beginn 2012 leicht zurück. Im vierten Quartal 2011 liegt der Handelspreis des Elements Europium bei 3.800 $/kg. Im Vergleich zum Vorjahresquartal hat sich der Preis mehr als versechsfacht (625 $/kg). Ähnliche Schwankungen weisen auch die Elemente Terbium und Dysprosium auf. Viele Experten führen den starken Preisanstieg auf die jüngsten chinesischen Exportrestriktionen und fehlende Kapazitäten anderer Förderländer zurück.[77] Im nächsten Unterpunkt wird daher detailliert auf chinesische Exportrestriktionen eingegangen.

3.2.1.2 Exportrestriktionen Chinas

Die folgenden Maßnahmen setzt China ein, um den Export der Seltenen Erden zu beschränken. Dies sind Exportquoten, Exportzölle, die Zurücknahme der Rückerstattung der Mehrwertsteuer auf Exporte, Produktionsquoten und ein Verbot ausländischer Investitionen in Seltene Erden Minen.[78]

Wie aus Tabelle 2 ersichtlich, reduziert China nahezu jedes Jahr die Angebotsmenge von Seltenen Erden für den Weltmarkt. 2006 ist die jährliche Exportquote mit 61.560

---

[75] Vgl. ebenda, S. 2.
[76] Vgl. Liedtke/Elsner (2009), S. 3.
[77] Vgl. Humphries (2012), S. 5ff.
[78] Vgl. Korinek/Kim (2010), S. 20.

Tonnen am höchsten. Zwischen 2009 und 2010 nimmt die Exportquote knapp 40% ab. In 2011 hat die Exportquote mit 30.246 Tonnen ihr Minimum erreicht und ist gegenüber 2006 halbiert.

Tabelle 2: Chinesische Exportquoten bei Seltenen Erden (in Tonnen)

Jahr	Exportquoten	jährliche Veränderung (in %)	geschätzte Weltnachfrage (ohne China)
2006	61 560		50 000
2007	60 173	-2,3	50 000
2008	47 449	-21,1	50 000
2009	50 145	5,7	35 000
2010	30 259	-39,7	55 000
2011	30 246	0	n. v.

Quelle: Eigene Darstellung, basierend auf den Daten von Humphries (2012), S. 19.

Eine weitere Maßnahme, die China implementiert, sind Exportsteuern. In 2007 führt die chinesische Regierung eine Steuer auf Seltene-Erden-Exporte in Höhe von 10% ein. Bis zum Jahr 2011 sind die Steuern für SEE auf 15% gestiegen, ausgewählte SEE, wie Yttrium, Europium und Dysprosium werden 2011 sogar mit 25% besteuert. Darüber hinaus limitiert China laut dem Entwurf des Seltenen-Erden-Entwicklungsplanes die Produktionsmenge von 2009 bis 2015 auf 130.000 bis 140.000 Tonnen SEO und erlaubt ausschließlich 20 inländischen Produzenten und Händlern den Export von Seltenen Erden.[79]

3.2.2 Germanium

Ein weiterer strategischer Rohstoff, der auf Exportrestriktionen untersucht werden soll, ist das chemische Element Germanium. Aufgrund des seltenen Vorkommens, werden die meisten der 26 bekannten Germaniumminerale heute vorwiegend als Beiprodukt der Verhüttung von Zink- und Kupfersulfiderzen gewonnen.[80] Die Haupteinsatzgebiete des Rohstoffs sind in der Glasfasertechnik, Infrarotoptik und Polyethylenterphtalat-Katalyse anzusiedeln.[81] Ein weiterer Anwendungsbereich ist die Solarindustrie, welcher besonders in Zukunft eine hohe Bedeutung beigemessen werden

---

[79] Vgl. Tse (2011), S. 8f.
[80] Vgl. Elsner u.a. (2010), S. 6.
[81] Vgl. Institut für Zukunftsstudien und Technologiebewertung (2011), S. 61.

kann. Solarzellen auf Germaniumbasis sind bei gleichem Gewicht etwa dreimal effektiver als vergleichbare Solarpanels aus dem verwandten Rohstoff Silizium.[82] In Satelliten und der Raumfahrt werden bereits Solarzellen aus Germanium eingesetzt, da dort geringer Flächenverbrauch, hohe Effizienz und sichere Stromversorgung eine große Rolle spielen.[83] Das Fraunhofer-Institut für System- und Innovationsforschung ISI stuft Germanium für neue Zukunftstechnologien als elementar ein. Demgemäß wird laut Schätzungen die jährliche Nachfrage an Germanium im Jahr 2030, vor allem bedingt durch ein starkes Wachstum in der Glasfaserproduktion, mehr als doppelt so hoch sein, wie die Fördermenge des Rohstoffs im Jahr 2006.[84]

3.2.2.1 Gegenwärtige Marktsituation

Die weltweite Produktion von Germanium wird 2011 auf 118 Tonnen geschätzt. Die Hauptförderländer sind China (80 Tonnen), Russland (5 Tonnen) und die USA (3 Tonnen).[85] Im Jahr 2008 beträgt der weltweite Verbrauch knapp 140 Tonnen. Im Zuge der einsetzenden Finanzkrise geht die Nachfrage deutlich zurück.[86] 2011 ist die weltweite Nachfrage nach Germanium, hauptsächlich aufgrund des steigenden chinesischen Eigenverbrauchs, im Vergleich zum Vorjahr angestiegen. Der geschätzte weltweite Verbrauch beträgt 2011 über 120 Tonnen. Davon werden 30% derzeit durch recycelte Materialien gedeckt.[87]

Die Preise von Germanium, insbesondere von Germaniumoxid, steigen im Jahr 2011 bedeutsam an. Im ersten Halbjahr von 2011 steigt der Weltpreis von Germaniumoxid um 94% auf 1.400 US-Dollar pro Kilogramm an (2010: 720 US-Dollar pro Kilogramm). Während demselben Zeitraum ist beim Germaniummetall ein etwas gemäßigter Anstieg um 35% (von 1.200 US-Dollar auf 1.625 US-Dollar pro Kilogramm) festzustellen.[88]

---

[82] Vgl. Elsner u.a. (2010), S. 5.
[83] Vgl. Angerer u.a. (2009), S. 337f.
[84] Vgl. ebenda, S. 340.
[85] Vgl. U.S. Geological Survey (2012), S. 64.
[86] Vgl. Elsner u.a. (2010), S. 5.
[87] Vgl. U.S. Geological Survey (2012), S. 65.
[88] Vgl. ebenda.

3.2.2.2 Exportrestriktionen der Förderländer

Neben dem, nach der Finanzkrise, wieder gestiegenen weltweiten Verbrauch, haben auch beim strategischen Rohstoff Germanium einzelne Restriktionen exportierender Ländern zu einem Preisanstieg geführt.

Ende 2007 veröffentlicht China eine Liste mit Rohstoffen für deren Ausfuhr eine Exportlizenz benötigt wird. Darunter befindet sich unter anderem Germanium in Rohform, als Schrott und als Pulver. Des Weiteren besteuert China zusätzlich seit Beginn 2008 seine Ausfuhren von Germaniumoxid mit einem Zoll in Höhe von 5%.[89] Im ersten Quartal 2011 nimmt das chinesische Germaniumangebot für den Weltmarkt, durch die Außerbetriebnahme einer Germaniumoxid-Mine, weiter ab. China begründet die Stilllegung mit Umweltbelangen. Dadurch begrenzt die chinesische Regierung erneut den Export von Germanium als Rohstoff und fördert dagegen den Export von Endprodukten aus Germanium. Dies belegt auch, dass weiterverarbeitete Germaniumprodukte wie optische Komponenten aus Germanium einen Exportsteuernachlass von bis zu 17% beanspruchen können. Diese Politik bewegt chinesische Unternehmen, wie Yunnan Chihong Zinc & Germanium und China Germanium, zur intensiven Weiterverarbeitung von Germanium zu Produkten.[90] Russland, als weiteres Förderland, erhebt einen Exportzoll von 6,5% auf Schrott und Abfall von Germanium.[91] Die USA, die das drittgrößte Förderland darstellen, verlangen für Germaniumoxid einen Exportzoll von 3,7%. Bei Germaniummetallen variiert der Ausfuhrzoll je nach Art zwischen 2,6 und 4,4%.[92] Des Weiteren besitzen die USA 45% der weltweiten Germaniumoxidreserven (rund 450 Tonnen), wobei ihre Fördermenge lediglich 2,9% der Weltförderung beträgt. Im Vergleich hierzu umfassen die Reserven in China etwa 41%, während die Fördermenge etwa 65,5% der weltweiten Förderung entspricht.[93]

Der Eigenverbrauch der USA von knapp 38 Tonnen[94] liegt um das Vielfache höher, als die eigene Fördermenge. Die geringe Förderung der USA im Vergleich zu den existierenden wirtschaftlich abbaubaren Reserven, kann als festgelegte Produktionsquote gedeutet werden.

---

[89] Vgl. Asian Metal Ltd. (2008), S. 4.
[90] Vgl. U.S. Geological Survey (2012), S. 65.
[91] Vgl. Korinek/Kim (2010), S. 26.
[92] Vgl. U.S. Geological Survey (2012), S. 64.
[93] Vgl. Research and Markets (2012), URL siehe Literaturverzeichnis.
[94] Vgl. U.S. Geological Survey (2012), S. 64.

4 Nicht-kooperative Handelspolitik im Rohstoffsektor

Nachdem im vorausgehenden Abschnitt die Merkmale eines strategischen Rohstoffs erörtert, zwei strategische Rohstoffe explizit vorgestellt und existierende Exportrestriktionen gesammelt werden, sollen im folgenden Kapitel die wirtschaftspolitischen Ziele der Exportbeschränkungen bei strategischen Rohstoffen anhand eines Modells erläutert werden. Damit wird eine Verbindung zwischen strategischer Handelspolitik sowie strategischen Rohstoffen hergestellt.

Exportrestriktionen bei Rohstoffen werden von der Politik eingesetzt, um auf eine Reihe von sozialen, wirtschaftlichen und politischen Zielen zu reagieren. Zu diesen Zielen zählen der Umweltschutz, die Unterstützung von nachgelagerten Industrien, die Maximierung der Staatseinkünfte und der Erhalt von Reserven für die zukünftige Verwendung.[95]

Der Umweltschutz zählt zu den am häufigsten genannten politischen Zielen einer Exportrestriktion. Der Abbau oder die Weiterverarbeitung von Rohstoffen kann entweder sehr energieaufwendig oder sehr umweltschädlich sein. In manchen Fällen werden aus diesem Grund Steuern auf den Export des relevanten Rohstoffs erhoben, um den Abbau weniger profitabel zu gestalten und dadurch die heimische Förderung zu reduzieren.[96]

Ein weiterer Grund, um Exportrestriktionen einzuführen, ist die damit verbundene Unterstützung der nachgelagerten produzierenden Industrien. In diesem Fall kann eine Exportrestriktion notwendig werden, wenn die ausländische Nachfrage nach einem Rohstoff dessen Preis steigen lässt und dieser infolge dessen zu hoch für die heimische nachgelagerte Industrie ist. Jene Handelspolitik kann auch verfolgt werden, wenn durch den Einsatz des Rohstoffs in einem produzierten Gut ein höherer Mehrwert im Land erzeugt werden kann.[97]

Im folgenden Unterpunkt soll das zuletzt genannte Ziel, der Unterstützung einer nachgelagerten Industrie anhand eines Modells deutlich gemacht werden.

---

[95] Vgl. Korinek/Kim (2010), S. 12.
[96] Vgl. ebenda.
[97] Vgl. Piermartini (2004), S. 10.

4.1 Einfluss einer Exportsteuer auf nachgelagerte Sektoren

Um mögliche Auswirkungen auf nachgelagerte Sektoren verstehen zu können, muss die, in Unterpunkt 2.2.1, analysierte Wirkung eines Exportzolls nochmal näher betrachtet werden.

Der Exportzoll wird auf Produkte erhoben, die in den Weltmarkt exportiert werden. Abbildung 8 zeigt nochmals die Effekte, welche sich bei einem spezifischen Exportzoll (z) eines großen Landes in einem statischen Partialgleichgewicht ergeben. Da die Exporteure ein geringeres Entgelt pro exportierter Einheit erhalten, verringert der Zoll das Weltangebot des betroffenen Rohstoffs. Die Weltangebotskurve A_W verschiebt sich nach oben zu A'_W, was zu einer geringeren gehandelten Menge bei einem höheren Weltmarktpreis p'_W führt. Zur gleichen Zeit steigt das Angebot im inländischen Markt, da die Produzenten versuchen ihren Umsatz im Inland zu vergrößern, um die Zahlung des Exportzolls zu vermeiden. Als Folge sinkt der inländische Preis des Rohstoffes. Im Gleichgewicht erhalten die Produzenten für den Absatz des Rohstoffes im Inland und auf dem Weltmarkt den gleichen Preis. Somit steigt der internationale Preis von p_W auf p'_W und der inländische Preis fällt von p_W auf p_1 mit $p'_W - p_1 = z$ (Die Preisdifferenz entspricht dem Zoll).[98]

Abbildung 8: Der Exportzoll bei einem großen Land

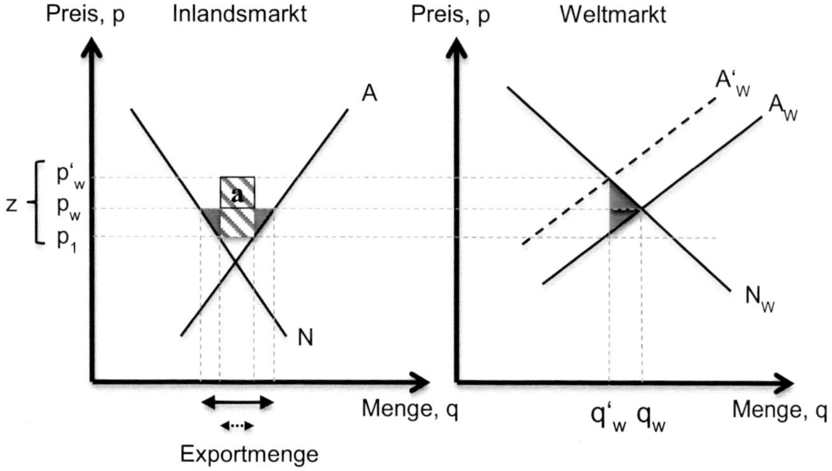

Quelle: Eigene Darstellung, in Anlehnung an Latina u.a. (2011), S. 188.

Im Sinne der Wohlfahrt profitieren inländische Konsumenten, da der inländische Preis des Gutes sinkt (sie konsumieren mehr, bei einem niedrigeren Preis). Dagegen erleiden ausländische Konsumenten einen Wohlfahrtsverlust, da sie den höheren

---

[98] Vgl. Bouet/Laborde (2010), 4.

internationalen Preis bezahlen müssen. Auf der Angebotsseite verlieren die inländischen Produzenten. Sie produzieren weniger, verkaufen zu einem niedrigeren inländischen Preis und müssen auf die Exporte einen Zoll bezahlen. Der Staat hat Einkünfte in Höhe der exportierten Menge mal des Zolls (die streifig gekennzeichnete Fläche in Abbildung 8). Werden Rohstoffe gehandelt, kann der Staat durch die Erhebung eines Exportzolls einen Teil der ökonomischen Rente, welche mit der natürlichen Ressource entstehen, einnehmen.[99]

Der Wohlfahrtseffekt des Exportzolls für die gesamte Volkswirtschaft ist unklar. Grafisch zeigt die Fläche a den Terms-of-Trade[100] Vorteil für das exportierende Land, resultierend aus dem gestiegenen internationalen Preis.[101] Der Terms-of-Trade Effekt lässt sich folgendermaßen erklären. Durch die Einführung eines Exportzolls sinkt das Exportangebot des zollerhebenden Landes. Bei einem großen Land reagieren die Handelspartner auf diesen Angebotsrückgang mit der Erhöhung des Exportnachfragepreises, wodurch sich die Terms-of-Trade für das zollerhebende Land verbessern.[102]

Durch die Einführung eines Exportzolls kommt es zu einer Produktionsverzerrung. Dieser Wohlfahrtsverlust illustrieren in Abbildung 8 (Inlandsmarkt) die grauen Dreiecke. In Folge des Zolls wird von dem Gut weniger produziert als bei effizienten Freihandelsgleichgewicht. Dieser Bereich stellt somit den Verlust der Produzentenrente dar, welcher zu keinem anderen Akteur in der Ökonomie übertragen wird. Wenn der Terms-of-Trade Vorteil den Wohlfahrtsverlust übersteigt, kann ein großes Land, durch die Einführung eines Exportzolls, versuchen seine Wohlfahrt zu verbessern.[103]

Eine der Auswirkungen des Exportzolls, ist die Verminderung des inländischen Preises. Der niedrigere inländische Preis (im Vergleich zum internationalen Preis) begünstigt für gewöhnlich die inländischen Konsumenten. Angenommen beim inländischen Konsumenten handelt es sich um einen Produzenten und das besteuerte Gut stellt ein Input in dessen Produktionsprozess dar. Unter diesen Umständen unterstützt ein Exportzoll wirkungsvoll die nachgelagerten Industrien, weil es ihnen er-

---

[99] Vgl. Latina u.a. (2011), S. 187f.
[100] Der Begriff Terms of Trade bzw. Einfuhrtauschverhältnis oder Realaustauschverhältnis bezeichnet eine volkswirtschaftliche Maßzahl für das reale Austauschverhältnis zwischen den exportierten und importierten Gütern eines Landes. Es gibt für ein Land an, welches Importgüterbündel man für ein gegebenes Exportgüterbündel erhält.
[101] Vgl. Latina u.a. (2011), S. 188.
[102] Vgl. Luckenbach (2010), S. 38.
[103] Vgl. Latina u.a. (2011), S. 188.

laubt, die Inputressourcen zu einem geringeren Preis, als auf dem internationalen Markt, zu beziehen. Abbildung 9 zeigt die Auswirkungen des Exportzolls auf Rohstoffe im Markt des nachgelagerten Sektors. Beim betroffenen Land wird davon ausgegangen, dass es auf dem internationalen Markt des produzierten Gutes klein ist. Das Angebot A des produzierenden Sektors ist eine Funktion der Inputkosten (c), die wiederum vom auferlegten Exportzoll auf die Rohstoffe $c(ET_j)$ abhängig sind. Vor der Einführung des Exportzolls auf die Rohstoffe (z.B. $ET_j=0$) importiert das Land die Menge M_0 des produzierten Gutes. Wenn jetzt der Zoll ET'_j erhoben wird, hat der produzierende Sektor einen Vorteil in Form von niedrigeren Produktionskosten, da der Zoll eine Verringerung der Inputkosten herbeiführt. In der Abbildung 9 verschiebt sich folglich die Angebotskurve parallel nach rechts, von A zu A'. Reicht der Zoll aus, um den inländischen Produzenten einen komparativen Vorteil zu verschaffen, kann das Land jetzt auf dem Weltmarkt das produzierte Gut exportieren (Menge X_1). Folglich ist es inländischen Produzenten möglich durch Exportzölle auf Rohstoffe ein Wettbewerbsvorteil auf internationalen Märkten zu generieren, welcher zu Lasten ausländischer Produzenten des produzierten Gutes geht. Dieses Phänomen wird als „Produktionsverlagerungs"-Effekt mithilfe eines Exportzolls bezeichnet.[104]

Abbildung 9: Auswirkung eines Exportzolls auf die nachgelagerte Industrie

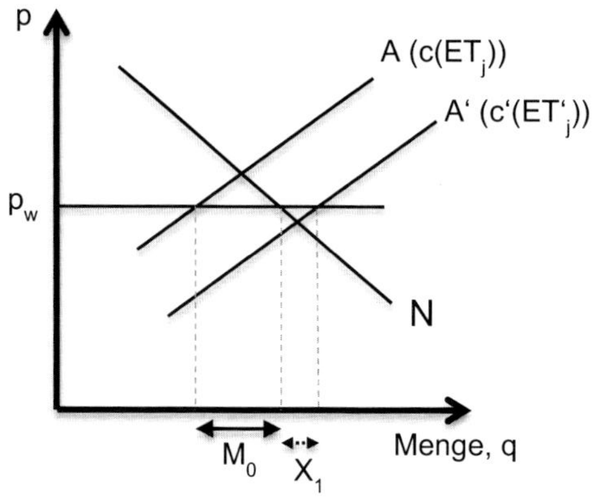

Quelle: Eigene Darstellung, in Anlehnung an Latina u.a. (2011), S. 188.

Anhand dieses Modells wird eine mögliche handelspolitische Strategie aufgezeigt, die rohstoffreiche Länder in Hinblick auf ihren Rohstoffexport verfolgen können.

Im nachfolgenden Punkt 4.2 wird eine handelspolitische Strategie für Rohstoffimporteure beschrieben.

---

[104] Vgl. ebenda S. 188f.

4.2 Zolleskalation und effektiver Protektionssatz

Importzölle auf natürliche Ressourcen sind in der Regel äußerst niedrig. In Industrieländern beträgt der Zoll bei Rohstoffen aus dem Bergbau weniger als 1%, bei Fischereiprodukten 2,2% und bei Brennstoffen 0,5%. Dagegen sind die Zölle bei Entwicklungsländern höher, sie liegen zwischen 6,0% und 15,1%. Für Waren und Güter ergeben sich deutlich höhere Tarife. Doch daraus kann nicht geschlossen werden, dass Rohstoffimporteure handelspolitisch nicht aktiv sind. Eine handelspolitische Strategie für Importeure ist die sogenannte Zolleskalation.[105]

Laut WTO handelt es sich um eine Zolleskalation, wenn höhere Importzölle für Vorprodukte als für Rohstoffe und noch höhere Zölle für Endprodukte erhoben werden. Folglich steigt die Zollbelastung mit der Verarbeitungsstufe eines Produktes.[106] In der ökonomischen Literatur kommt die Theorie der Zolleskalation dem Grundgedanke der, in den 60er Jahren erforschten, Theorie des effektiven Protektionssatz (engl. Effective Rate of Protection, ERP[107]) nahe.

Der effektive Protektionssatz basiert auf folgender Idee. Ein Land setzt Importzölle insbesondere mit dem Ziel ein, seinen Produktionssektoren, die importkonkurrierende Güter herstellen, einen Schutz[108] vor der ausländischen Konkurrenz zu gewähren. Falls der Produktionssektor Vorleistungsgüter in Form von beispielsweisen Rohstoffen einsetzt, müssen auch die Importzölle auf diese Vorleistungen betrachtet werden. Implizieren die Zollerhebungen auf die Vorleistungen höhere Produktionskosten des Sektors, so muss die Wirkung des Importzolls auf die Wertschöpfung des Sektors bestimmt werden.[109]

Ein einfaches Beispiel soll den Zusammenhang zwischen einem Importzoll und dem effektiven Protektionssatz aufzeigen. Betrachtet wird eine nachgelagerte Industrie, wie die Informations- und Telekommunikationsindustrie (ITK), welche zunächst ein Smartphone als Endprodukt zu einem Preis von 200 Euro verkauft. Die Inputkosten für den Rohstoff Seltene Erden (SE) betragen 50 Euro. Die resultierende Wertschöpfung der ITK-Industrie beträgt somit 150 Euro. Es wird die Annahme getroffen, dass

---

[105] Vgl. Ruta/Venables (2012), S. 17f.
[106] Vgl. WTO (2012), URL siehe Literaturverzeichnis.
[107] Vgl. Corden (1966) und Bhagwati (1973).
[108] Der Zoll auf das Importgut erhöht den Preis, den die einheimischen Produzenten des Gutes erhalten. Somit gewährt der Zoll den einheimischen Produzenten einen Schutz vor den niedrigeren Preisen, die sich infolge der Importkonkurrenz einstellen würden.
[109] Vgl. Dieckheuer (2001), S. 158f.

die Regierung eine gleichmäßige Zollstruktur verfolgt. Ein Wertzoll in Höhe von 30% wird auf die Importe von SE und Smartphones auferlegt. Das hat den Effekt, dass der inländische Preis für Smartphones auf 260 Euro ansteigt. Zeitgleich steigt auch der Preis für SE um 30% auf 65 Euro. In diesem Fall entspricht der effektive Protektionssatz dem nominalen Zoll, nämlich 30%[110]. Falls die Regierung jetzt insbesondere die wertschöpfende ITK-Industrie im einheimischen Land schützen will, modifiziert diese die Importzölle bei den beiden Handelsgütern. Mit Importzöllen in Höhe von 30% bei Smartphones und zollfreien SE verändert sich der Sachverhalt signifikant. Die Zolländerung verringert die Inputkosten der ITK-Industrie, während der Anteil der Wertschöpfung ansteigt (Erhöhung der Wertschöpfung auf 210 Euro).

In diesem Fall beträgt der effektive Protektionssatz 40%[111]. Folglich ist es durch die Einführung einer Zolleskalation möglich, produzierte Güter, wie im Beispiel Smartphones, trotz mitunter niedriger Nominalzölle, entscheidend vor ausländischen Konkurrenzprodukten zu schützen.[112] Aufgrund der Verbesserung der Wertschöpfung im Vergleich zur Freihandelssituation, bedeutet dies eine effektive Protektion.[113]

Der ERP (Effective Rate of Protection) ist für einen gegebenen Sektor und ein handelbaren Produktionsfaktor wie folgt definiert:

$$ERP \equiv \frac{V_t - V_w}{V_w} = t_a + P_c\left(\frac{t_a - t_c}{P_a - P_c}\right) \qquad (1)$$

Der ERP entspricht somit der relativen Änderung der Wertschöpfung je Produktionseinheit des Sektors im Vergleich zur Freihandelssituation, die durch die Zollstruktur ermöglicht wird.[114] V_w beschreibt die Wertschöpfung bei Freihandel, V_t die Wertschöpfung unter Zollprotektion; t_a ist der Wertzoll des Rohstoffes, t_c der Zoll beim produzierten Gut. P_a und P_c sind die Weltpreise für den Rohstoff und des produzierten Gutes. Dabei kann der ERP positiv oder negativ sein.[115]

Aus (1) folgt, dass beim Fehlen von importierten Rohstoffen oder bei einer gleichmäßigen Zollstruktur der effektive Protektionssatz und der Nominalzoll identisch sind. Der ERP sinkt, wenn der Zoll beim Vorprodukt größer wird und steigt, wenn der Zoll beim Endprodukt zunimmt. Bei einer Zolleskalation bedeutet dies, dass der effektive

---

[110] V_w = 150 Euro, V_t = 195 Euro, $(V_t - V_w) / V_w$ = 30,00%
[111] V_w = 150 Euro, V_t = 210 Euro, $(V_t - V_w) / V_w$ = 40,00%.
[112] Vgl. Latina u.a. (2011), S. 190f.
[113] Vgl. Rose/Sauernheimer (2006), S. 610.
[114] Vgl. Corden (1966), S. 222.
[115] Vgl. Latina u.a. (2011), S. 190.

Protektionssatz des Endproduktes größer ist als dessen nominaler Importzoll.[116] Deswegen wird durch eine Zollstaffelung (höherer Importzoll beim Endprodukt als beim Rohstoff) der Handel mit Rohstoffen gegenüber dem Handel mit produzierten Gütern bevorzugt.[117]

Abbildung 10 zeigt die Auswirkungen einer Zolleskalation auf den Handel in einem partiellen Gleichgewichtsmodell. Die Gerade A stellt die Angebotskurve der produzierenden Industrie dar. Bei Freihandel ist q_w die Menge von Smartphones die zum Preis von p_w auf dem heimischen Markt verkauft werden. Falls das importierende Land einen Importzoll bei Smartphones einführt, um die heimische ITK-Industrie zu beschützen, führt dies zum folgenden Effekt: Der inländische Preis für Smartphones steigt auf $p_w(1+t)$ an, die importierte Menge an ausländischen Smartphones verringert sich auf M_1 und es kommt zu einem Anstieg der inländischen Produktion. Um den Effekt der Zolleskalation zeigen zu können, muss die Angebotskurve A als Funktion der Inputkosten c definiert werden. Die Inputkosten sind wiederum abhängig vom Importzoll, welcher beim Rohstoff $c(t_j)$ auferlegt wird. Die Angebotsfunktion lautet $A(c(t_j))$. Eine Anpassung des Zolls bei Rohstoffen, hat Einfluss auf den effektiven Protektionssatz des nachgelagerten Sektors. Es wird angenommen, dass die anfängliche Zollstruktur gleichmäßig ist (30% bei Smartphones und Seltene Erden). Ein Entfall des Zolls beim Rohstoff SE reduziert die Inputkosten und verschiebt die Angebotskurve nach rechts zu $A'(c'(t'_j))$. Infolgedessen steigt die heimische Produktion und der Import sinkt zu M_2, während die inländische Preise davon unberührt bei $p_w(1+t)$ bleiben.[118]

Abbildung 10: Senkung der Zölle auf Rohstoffe für den nachgelagerten Sektor

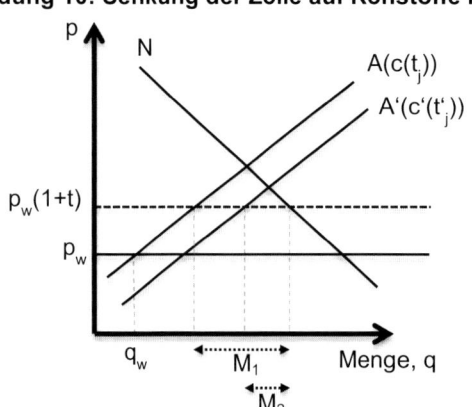

Quelle: Eigene Darstellung, in Anlehnung an Latina u.a. (2011), S. 191.

---

[116] Vgl. Luckenbach (2010), S. 30f.
[117] Vgl. Corden (1966), S. 229.
[118] Vgl. Latina u.a. (2011), S. 190f.

Mit derselben Abbildung ist es ebenfalls möglich, den kombinierten Effekt der Zolleskalation und des Exportzolls auf den Handel zu betrachten. Diese Analyse liefert die Grundlage für den nachfolgenden Abschnitt. Es sei angenommen, dass die anfängliche Angebotskurve A' und die Zollstruktur gleichmäßig ist (Zölle für SE und Smartphones betragen 30%). Falls das Exportland einen Zoll für SE erhebt, steigt der Weltpreis für SE und folglich erhöhen sich auch die Inputkosten der ITK-Industrie. Ein Anstieg der Kosten für SE wird die Angebotskurve nach links, zu A, verschieben. Die importierte Menge des Endproduktes steigt und die inländische Produktionsmenge sinkt. Um den Exportzoll auszugleichen hat die Regierung den Anreiz den Importzoll auf SE zu senken und wird deshalb eine Zollstaffelung vornehmen. Das entfallen des Zolles bei SE lässt die Kosten für SE wieder auf das vorherige Niveau sinken (in unserem Fall $c'(t'_j)$) und die Angebotskurve verschiebt sich zurück zu A'. Als Ergebnis bleiben die inländische Produktion und die Importe von Smartphones unverändert (bei M_2). Demnach heben sich die zwei Maßnahmen gegenseitig auf.[119]

4.3 Gleichgewicht der nicht-kooperativen Handelspolitik

Im vorherigen Unterpunkte wurden die Einflüsse von Zöllen beim Rohstoffexport und die Zolleskalation bei rohstoffimportierenden Ländern auf die Handelsströme des Rohstoffes und des produzierten Gutes untersucht. Dabei sind potentielle Gegenmaßnahmen der Handelspartner bisher unbeachtet geblieben. Im folgenden Abschnitt werden nun multilaterale Effekte analysiert, die bei nicht-kooperativer Handelspolitik im Rohstoffsektor entstehen können. Insbesondere soll überprüft werden, wie Exportzölle bei Rohstoffen und Importzölle bei produzierten Güter die Wohlfahrt der Handelspartner beeinflussen, wie Handelspartner vermutlich auf diese Maßnahmen reagieren und wie die globale Wohlfahrt durch die gemeinsame Einführung von Exportzöllen und Zolleskalation im Rohstoffsektor beeinflusst wird.

Eine strategische Handelspolitik, wie sie im Unterpunkt 2.1.2 mit Hilfe der Brander-Spencer-These vorgestellt wurde, ist immer eine „Beggar-thy-neighbor-Politik". Der Einsatz handelspolitischer Maßnahmen erhöht die eigene Wohlfahrt, auf Kosten anderer Länder.[120] Bei der Verfolgung solcher Maßnahmen ergeben sich die in den vo-

---

[119] Vgl. ebenda.
[120] Vgl. Krugman u.a. (2012), S. 383.

rangegangenen Unterpunkten vorgestellten Arten von externen Effekten. Dies sind zum einen der Terms-of-Trade-Effekt und zum anderen der Produktionsverlagerungs-Effekt. Zusammenfassend legen diese Theorien Regierungen nahe, Handelspolitik zu nutzen, um die relativen Preise ihrer Ausfuhren zum eigenen Vorteil zu verändern oder ihre inländische Produktion auf Kosten der ausländischen Produktion zu erweitern. Nachfolgend wird erläutert warum die beiden externen Effekte den Rohstoffhandel betreffen und in einem einfachen Beispiel aufgezeigt, wie diese grenzüberschreitenden Wirkungen zu einem nicht kooperativen Handelsgleichgewicht führen können.[121]

Betrachtet wird ein neoklassisches Modell mit zwei großen Ländern, wobei eines eine rohstoffarme (A) und eines eine rohstoffreiche (B) Volkswirtschaft darstellt. Die Länder betreiben Handel mit einem Rohstoff, einem produzierten Gut und einem dritten „außenstehenden" Sektor. Land B exportiert einen Rohstoff sowie ein produziertes Gut in Land A und importiert ein „außenstehendes" Gut. Ein Exportzoll beim Rohstoff im Land B verringert das Angebot auf dem Weltmarkt und führt zu einem Anstieg des Weltmarktpreises (für ein gegebenes Niveau der Weltmarktnachfrage). Diese Preisänderung drückt sich im Terms-of-Trade-Gewinn für Land B aus. Der Preis für deren Exporte hat sich gegenüber dem Preis deren Importe erhöht und bedeutet für Land A ein Terms-of-Trade-Verlust. Andererseits hat ein Importzoll auf das produzierte Gut im Land A die umgekehrte Auswirkung auf die relativen Preise der Exporte. Die inländische Nachfrage nach dem produzierten Gut im Land A geht zurück und zieht einen sinkenden Weltmarktpreis des Gutes nach sich. Dadurch verbessert sich der Terms-of-Trade des Landes A, während sich der Terms-of-Trade des Handelspartners verringert.[122]

Die obige Diskussion hat gezeigt, dass Länder Export- oder Importzölle einsetzen, um ihre Terms-of-Trade zu verbessern. Falls die Regierung des Landes B einen Exportzoll beim Rohstoff erhebt, während die Regierung des Landes A einen Zoll bei den Importen des produzierten Gutes einführt, wird es keinem Land gelingen seine Terms-of-Trade zu verbessern. Der Handel im Rohstoff- und Produktionssektor wird durch die gleichzeitige Einführung von Import- sowie Exportzöllen ineffizient beschränkt. Im Gleichgewicht befinden sich beide Länder in einer Situation, in der die

---

[121] Vgl. Latina (2011), S. 192.
[122] Vgl. ebenda, S. 192f.

Wohlfahrt für beide geringer ist. Es wird auch als Terms-of-Trade Gefangenendilemma bezeichnet.[123]

Eine weitere Zielsetzung der Handelspolitik ist die Ausweitung inländischer Produktion, zu Lasten ausländischer Produktion, in einem bestimmten Sektor. Dies wird als Produktionsverlagerungs-Effekt bezeichnet. Dahingehend ist das Ziel eines Exportzolls beim Rohstoff oder eines Importzolls beim produzierten Gut, die rohstoffverarbeitende Industrie in dem Land zu binden, welche die handelspolitische Maßnahme einführt. Folgend soll ein Beispiel zeigen, wie der Produktionsverlagerungs-Effekt einen nicht-kooperativen Handel auslösen kann.[124]

Betrachtet wird ein Modell mit zwei großen Ländern und drei Sektoren. Der produzierende Sektor befindet sich nun in einem monopolistischen Wettbewerb, der durch zunehmende Skalenerträge gekennzeichnet ist. Des Weiteren wird angenommen, dass das Gut in beiden, dem rohstoffarmen (A) und rohstoffreichen (B), Land produziert werden kann. Zuerst liegt der Fokus auf der Handelspolitik des Landes B. Eine Erhöhung des Exportzolls beim Rohstoff führt zur Divergenz zwischen dem inländischen und dem internationalen Preis für den Rohstoff. Diese Preisspanne macht die im Ausland produzierten Güter teurer, als die im inländischen Markt des Landes B angebotenen. Dies impliziert, dass die inländischen Konsumenten ihre Nachfrage hin zu den lokal produzierten Gütern verschieben. Verkauft die inländische, rohstoffverarbeitende Industrie mehr, als der ausländische Konkurrenzsektor, erzielen lokale, inländische Unternehmen Profite. Der ausländische Sektor erleidet dabei Verluste. Dieser Umstand löst einen Eintritt neuer Unternehmen in den Markt des verarbeitenden Gutes im Land B und einen Marktaustritt der Unternehmen des ausländischen nachgelagerten Sektors aus. Deshalb wird mehr Produktion des verarbeitenden Produktes im Land B stattfinden. Diese Produktionsverlagerung steigert die Wohlfahrt des Landes B, welches den Exportzoll einführt, während sich die Wohlfahrt des anderen Landes verringert. Auf der anderen Seite hat die Einführung eines Importzolls, beim verarbeitenden Gut im Land A den entgegensetzten Effekt zur Folge. Wie beim Terms-of-Trade Gefangenendilemma erreicht keine Regierung ihr Ziel, wenn alle Regierungen ihre Handelspolitik so abstimmen, dass die Produktion des Gutes im eigenen Land ausgeweitet wird. Im Gleichgewicht verlagert sich die Produktion des verarbeitenden Gutes zwischen den Ländern nicht. Einzig der Handel mit dem Roh-

---

[123] Vgl. Bagwell/Staiger (1999), S. 215f.
[124] Vgl. Venables (1980), S. 700f u. Latina u.a. (2011), S. 193.

stoff und dem verarbeitenden Gut wird aufgrund der handelspolitischen Maßnahmen sinken. Die Länder stecken in einem „Produktionsverlagerungs"- Gefangenendilemma.[125]

4.4 Bewertung des Modells

Das eben vorgestellte Modell soll im Folgenden insbesondere auf dessen Anwendbarkeit respektive Richtigkeit bei strategischen Rohstoffen bewertet werden.

Das Modell von Latina/Piermartini/Ruta (2011) untersucht die Auswirkungen beim internationalen Handel mit natürlichen Ressourcen. In dem Aufsatz zählen zu den natürlichen Ressourcen nicht-erneuerbare Rohstoffe (Minerale und fossile Brennstoffe), sowie Forst- und Fischereiprodukte. Alle der zuvor genannten und vorgestellten strategischen Rohstoffe sind nicht-erneuerbar mit mineralischen Ursprung. Insofern ist der Kern dieser wissenschaftlichen Arbeit, die strategischen Rohstoffe, abgedeckt. Eine weitere These des Aufsatzes ist der Einsatz natürlicher Ressourcen als wesentliche Inputs in der Produktion hochentwickelter Erzeugnisse. Auch diese Behauptung trifft auf alle, im dritten Kapitel vorgestellten, strategischen Rohstoffe zu. Darüber hinaus wird die Einführung von Exportrestriktionen, wie beispielsweise Exportzölle, sowohl im Aufsatz bei natürlichen Ressourcen, als auch im Unterpunkt 3.2 am Beispiel strategischer Rohstoffe aufgezeigt.

Trotz der eben erwähnten zutreffenden Punkten, besteht ein möglicher Konflikt des Partialmodells. Ein rohstoffreiches Land, welches einen Exportzoll bei dessen Rohstoff einführt, unterstützt die inländische Produktion des verarbeitenden Sektors. Dem Sektor ist es möglich, die Inputs zu einem niedrigeren Preis als auf dem Weltmarkt zu beziehen. Die Angebotsfunktion des nachgelagerten Sektors wird als Funktion der Inputkosten formuliert. Somit wird die Annahme getroffen, dass die sinkenden Inputpreise (beispielsweise durch die Einführung eines Exportzolls) die nachgelagerte inländische Industrie erheblich unterstützen und diese unter Umständen einen komparativen Vorteil gegenüber dem ausländischen weiterverarbeitenden Sektor erlangt.

Problematisch ist, dass strategische Rohstoffe essentiell für viele, vor allem hochentwickelte Produkte sind, deren Einsatz in diesen Produkten aber oftmals nur in

---

[125] Vgl. Latina u.a. (2011), S. 193f.

sehr geringen Mengen erfolgt.[126] Dadurch führt ein Rückgang der Kosten für strategische Rohstoffe nur zu einem minimalen Kostenrückgang beim produzierten Gut. Der weiterverarbeitende Sektor erlangt daher eventuell keinen komparativen Vorteil.

Folgende Überlegung kann diese Problemstellung vermindern. Hierzu muss in die Betrachtung auch der ausländische weiterverarbeitende Sektor miteingebunden werden. Bei der Einführung einer Exportquote des rohstoffreichen Landes erhöhen sich im ausländischen produzierenden Sektor die Inputkosten (Weltmarktpreis für den Rohstoff steigt). Da auch hier nur ein geringer Teil der Stückkosten eines Gutes aus Inputkosten besteht, ergibt sich möglicherweise kein komparativer Nachteil. Die Exportquote kann dazu führen, dass die Gesamtausbringungsmenge des Produktes kleiner wird, weil die benötigten geringen Mengen des strategischen Rohstoffes nicht mehr in vollem Umfang geliefert werden. Dies bewirkt, dass die Stückkosten und dadurch der Preis eines Gutes, das im Ausland produziert, im Vergleich zum inländisch produzierten Gut steigen.[127] In diesem Fall kann eine Exportquote des rohstoffreichen Landes, auch bei minimalem Anteil des strategischen Rohstoffes im Endprodukt, den produzierenden Sektor im rohstoffreichen Land erheblich unterstützen und zu einem komparativen Vorteil führen. Ergänzend hierzu muss erwähnt werden, dass die Einführung einer Exportrestriktion, zur Unterstützung nachgelagerter Sektoren, ineffiziente Industrien fördern kann, die um wettbewerbsfähig zu sein von der Regierung abhängig sind.

Als Gleichgewicht bei nicht-kooperativer Handelspolitik im Rohstoffsektor stellt sich ein Gefangenendilemma ein. Dabei stellt sich die Frage, wie es zu einer kooperativen Handelspolitik kommen könnte? Hierfür müssten sich beide Länder durch eine freiwillige Selbstbindung verpflichten, nicht strategisch zu agieren. Falls beide beispielsweise dem Regelsystem der WTO folgen, kann eine kooperative Lösung gefunden werden.[128]

In der Gesamtheit sind die vorgestellten Modelle zur Erklärung der Motive einer strategischen Handelspolitik, rohstoffreicher als auch rohstoffarmer Länder, in Bezug auf strategische Rohstoffe geeignet.

---

[126] Vgl. Korinek/Kim (2010), S. 4.
[127] Weitere Annahme: Der ausländische produzierende Sektor kann kurzfristig seine Produktionsfixkosten nicht abbauen. Folglich werden die Produktionsfixkosten auf eine geringere Ausbringungsmenge verteilt und führen deshalb zu höheren Stückkosten.
[128] Vgl. Siebert (2007), S. 194.

5 Fazit

In der wissenschaftlichen Arbeit werden wesentliche Merkmale strategischer Rohstoffe beschrieben. Die wirtschaftliche Bedeutung, das Versorgungsrisiko und das ökologische Länderrisiko stellen dabei die Hauptkriterien dar. Das Risiko eines Versorgungsengpasses steht im Zusammenhang mit der Konzentration der Produktion auf nur wenige Länder und die geringe politische, wie auch wirtschaftliche Stabilität mancher Lieferantenländer. Erschwerend kommt in vielen Fällen noch hinzu, dass der Rohstoff nur schwer substituierbar und die Rückgewinnungsquote gering ist. Als strategische Rohstoffe ergeben sich damit unter anderem die Elemente der Seltenen Erden, Germanium, Antimon, und Beryllium. Zu den Anwendungsgebieten der strategischen Rohstoffe zählen beispielsweise Notebooks, LCD-Bildschirme, Smartphones sowie „grüne" Technologien wie Windkraftanlagen, Solarpanels und Elektroautos. Eine Erkenntnis dieser wissenschaftlichen Arbeit ist es, dass der Betrachtungswinkels (Sichtweise des jeweiligen Landes) welcher bei der Bewertung eines strategischen Rohstoffes herangezogen wird, eine entscheidende Rolle spielt. Ebenso spiegeln die jeweiligen Studien eine Momentaufnahme wider.

Die festgestellten Handelsbeschränkungen bei den strategischen Rohstoffen Germanium und Seltene Erden sind überwiegend Exportzölle und Exportquoten. Des Weiteren zählen hierzu noch Minimumausfuhrpreise, Exportlizenzen und Produktionsquoten. China, welches bei der Förderung vieler strategischer Rohstoffe eine monopolistische Stellung einnimmt, setzt dabei am häufigsten Exportbeschränkungen ein. Rohstoffreiche Länder führen zur Unterstützung von nachgelagerten, produzierenden Industrien oftmals Exportrestriktionen ein. Durch die Ausfuhrbeschränkung steigt, aufgrund der Verknappung des Angebotes, der Weltpreis des Rohstoffes an. Auf dem Inlandsmarkt steigt jedoch das Angebot für den betroffenen Rohstoff wodurch der Inlandspreis sinkt. Folglich erlangt die weiterverarbeitende Industrie günstigeren Zugang zum Rohstoff, als dies auf dem Weltmarkt der Fall ist. Des Weiteren werden von Förderländern häufig Umweltaspekte als Motiv genannt, mit der sie die Einführung von Exportrestriktionen begründen. Der Abbau oder die Weiterverarbeitung eines Rohstoffes kann entweder sehr energieaufwendig oder sehr umweltschädlich sein. Die Erhebung eines Exportzolls beim betroffenen Rohstoff, versucht den Abbau weniger profitabel zu gestalten und dadurch die heimische Förderung zu reduzieren. Exportzölle werden auch angewandt, um Staatseinkünfte zu erzielen. In

Entwicklungsländern ist dies nicht selten die einzige Finanzierungsquelle, da häufig über kein funktionierendes Steuersystem verfügt wird.

Die vorgestellte handelspolitische Strategie der Zolleskalation stellt dabei eine Möglichkeit von rohstoffarmen Ländern dar. In der Umsetzung bedeutet dies, dass bei den Endprodukten höhere Importzölle, als bei Rohstoffe eingesetzt werden. Die Kosten der Rohstoffe, welche als Produktionsfaktoren in die Endprodukte eingehen, werden unter Einsatz des niedrigeren Zolls sinken und aufgrund dessen die Endprodukte vor ausländischen Konkurrenzprodukten schützen.

Neben der vorgestellten Strategie, der Zolleskalation, müssen rohstoffarme Länder zukünftig weitere Maßnahmen respektive Strategien genauer betrachten, um die Versorgungssicherheit der produzierenden Industrien weiter gewährleisten zu können. Dabei stellt die Vorratsbildung mit strategischen Rohstoffen eine Handlungsmöglichkeit dar. Die im Auftrag der EU-Kommission erstellte Studie „Stockpiling of Non-energy Raw Materials"[129] untersucht den Mehrwert und die Machbarkeit eines möglichen Rohstoffbevorratungsprogramms in der EU. Ein solches Vorratslager könnte kurzfristige Lieferunterbrechungen abfedern. Zusätzlich besteht eine wichtige Aufgabe darin, Möglichkeiten des Recyclings beziehungsweise der Wiedergewinnung von strategischen Rohstoffen zu untersuchen. Ebenfalls müssen neue Vorkommen erforscht und ältere Förderstätten wieder in Betrieb genommen werden.

Weitere Strategien, die unter anderem die EU verfolgt, sind bilaterale oder multilaterale Abkommen einzugehen, die Handelsregeln für Ausfuhrbeschränkungen senken oder zurücknehmen. Zur Bekämpfung von etwaigen Handelsbarrieren setzt die EU weiterhin auf einen Dialog mit Handelspartnern. Wird dagegen kein Fortschritt erzielt, werden Instrumente wie das WTO-Streitbeilegungsverfahren angewandt.[130] Dies ist auch 2009 der Fall, als die USA, die EU und Mexiko bei der WTO gegen chinesische Ausfuhrbeschränkungen bei bestimmten Rohstoffen eine Beschwerde einlegen. Die beschwerdeführenden Parteien zählen 40 spezifische Maßnahmen (u.a. Ausfuhrkontingente, Genehmigungserfordernisse) auf, mit denen China die Regeln des internationalen Handelsrechts verletzt. Das WTO-Panel entscheidet in fast allen Punkten zugunsten der beschwerdeführenden Parteien und deklariert die chinesischen Maß-

---

[129] Risk & Policy Analysts Limited (2012).
[130] Vgl. EU-Kommission (2011), S. 14ff.

nahmen als nicht zulässig.[131] Aufgrund des Erfolgs dieser Klage und der Relevanz strategischer Rohstoffe für viele Industrien, werden in absehbarer Zeit vermutlich weitere Klagen dieser Art folgen.

Zusammenfassend muss bedacht werden, dass eine funktionsfähige, internationale Arbeitsteilung zu Abhängigkeiten in vielen Bereichen führen kann. So hängen rohstoffarme Länder beim Bezug der Rohstoffe beispielsweise von rohstoffreichen Ländern, wie China, ab. Diese Abhängigkeiten sind in den meisten Fällen wechselseitig. Je mehr Exportrestriktionen China beim Rohstoffbereich einführt, desto größer ist die Gefahr, dass andere Länder mit Handelsbeschränkungen gegen chinesische Fertigprodukte reagieren. Die handelspolitischen Akteure sind sich diesen wechselseitigen Abhängigkeiten bewusst und werden dies langfristig in ihren jeweiligen Strategien berücksichtigen.

---

[131] Vgl. Franke (2011), S. 8f.

Anhang

Tabelle 3: Zukünftige Rohstoffnachfrage für ausgewählte Zukunftstechnologien

Rohstoff	Produktion 2006 (t)	Nachfrage neuer Technologien 2006 (t)	Nachfrage neuer Technologien 2030 (t)	Indikator[1] 2006	Indikator[1] 2030
Gallium	152	28	603	0,18	3,97
Indium	581	234	1.911	0,40	3,29
Germanium	100	28	220	0,28	2,20
Neodymium (Seltene Erden)	16.800	4.000	27.900	0,23	1,66
Platin	255	Sehr gering	345	0	1,35
Tantal	1.384	551	1.410	0,40	1,02
Silber	19.051	5.342	15.823	0,28	0.83
Kobalt	62.279	12.820	26.860	0,21	0,43
Palladium	267	23	77	0,09	0,29
Titan	7.211.000 [2]	15.397	58.148	0,08	0,29
Kupfer	15.093.000	1.410.000	3.696.070	0,09	0,24

[1] Der Indikator misst den Anteil der Nachfrage neuer Technologien an der gesamten heutigen Nachfrage nach dem jeweiligen Rohstoff in 2006 und 2030.

[2] Erzkonzentrat

Quelle: Europäische Kommission (2010), S. 42.

Tabelle 4: Vergleich der Kritikalität von Rohstoffen in Studien

Rohstoffe in der ausgewählten Fachliteratur	EU-Studie	US-Studie	BRD-Studie
Antimon	x		x
Beryllium	x		
Bismut			x
Chrom			x
Flussspat	x		
Gallium	x	x	x
Germanium	x		x
Graphit	x		
Indium	x	x	x
Kobalt	x		
Magnesium	x		
Mangan		x	
Niob	x	x	x
Platingruppenelemente	x	x	x
Rhenium			x
Seltene Erden	x	x	x
Silber			x
Tantal	x		
Wolfram	x		x
Zinn			x

Quelle: Eigene Darstellung, Ergebnisse basierend auf Europäische Kommission (2010), IZT (2011), US National Research (2007).

Abbildung 11: Preise ausgewählter Seltener-Erden-Oxide, 2007 - 2011

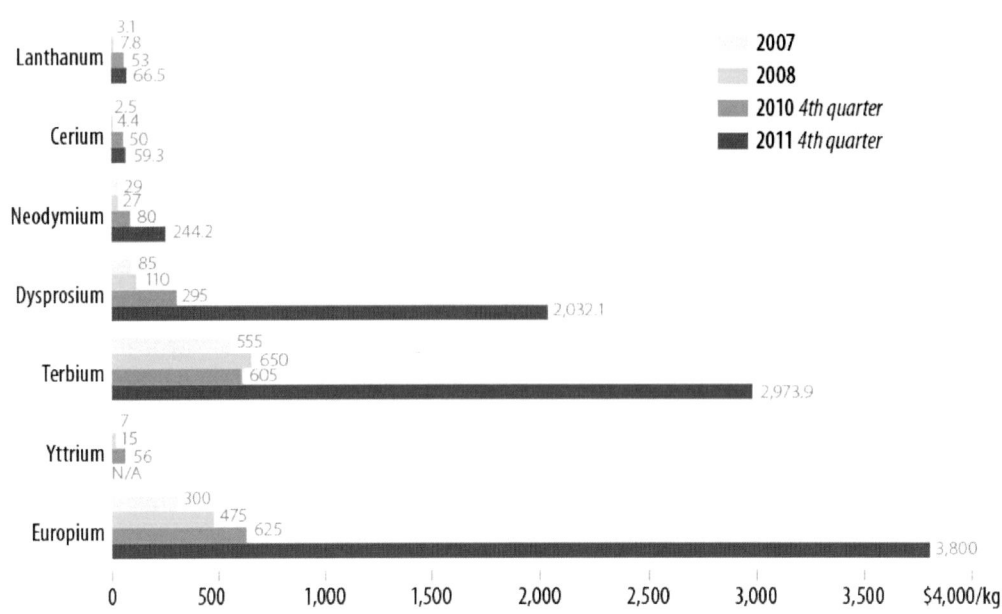

Quelle: Humphries (2012), S. 7.

Literaturverzeichnis

Angerer, G./Erdmann, L./Marscheider-Weidemann, F./Scharp, M./Lüllmann, A./Handke, V./Marwede, M. (2009), Rohstoffe für Zukunftstechnologien - Einfluss des branchenspezifischen Rohstoffbedarfs in rohstoffintensiven Zukunftstechnologien auf die zukünftige Rohstoffnachfrage, Stuttgart 2009.

Asian Metal Ltd. (2008), 2007 Annual Report on Chinese Germanium Market, http://www.asianmetal.com/report/en/2007Ge_en.pdf.

Babies, H.-G./Buchholz, P./Homberg-Heumann, D./Huy, D./Messner, J./Neumann, W./Röhling, S./Schauer, M./Schmidt, S./Schmitz, M./Wilken, H. (2011), Deutschland – Rohstoffsituation 2010, in: Deutsche Rohstoffagentur – DERA Rohstoffinformationen, Hannover 2011.

Baghwati, J.N./Srinivasan T.N. (1973), The General Equilibrium Theory of Effective Protection and Resource Allocation, in: Journal of International Economics, 3, S. 259 – 282.

Bagwell, K./Staiger R.W. (1999), An Economic Theory of GATT, in: The American Review, Vol. 89, Nr. 1, S. 215 – 248.

Baldwin, R. E. (1992), Are economists' traditional trade policy views still valid?, in: Journal of Economic Literature, Vol. 30, Nr. 2, Juni 1992, S. 804 – 829.

BDI – Bundesverband der Deutschen Industrie (2010), Für eine strategische und ganzheitliche Rohstoffpolitik, in: BDI-Strategiepapier zur Rohstoffsicherheit, Juni 2010.

Beise, M (2001), Die Welthandelsorganisation (WTO): Funktion, Status, Organisation, Baden-Baden 2001.

Bouet, A./Laborde, D. (2010), The Economics of Export Taxation in a Context of Food: A Theoretical and CGE-approach contribution, International Food Policy Research Institute, IFPRI Discussion Paper 009964, June 2010.

Brockhaus Enzyklopädie (2012), Rubrik: Außenwirtschaft, http://www.brockhaus-enzyklopaedie.de/be21_article.php, Stand: 22.08.2012.

Büter, C. (2010), Außenhandel: Grundlagen globaler und innergemeinschaftlichen Handelsbeziehungen, 2. überarbeitete und erweiterte Auflage, Berlin Heidelberg 2010.

Corden, W.M. (1966), The Structure of Tariff System and the Effective Rate of Protection, in: Journal of Political Economy, Vol. 74, Nr. 3, S. 221 – 237.

Dieckheuer, G. (2001), Internationale Wirtschaftsbeziehungen, 5., vollständige überarbeitete Auflage, München Wien 2001.

Elsner, H./Melcher, F./Schwarz-Schampera, U./Buchholz, P. (2010), Elektornikmetalle – zukünfitg steigender Bedarf bei unzureichender Versorgungslage, in: Commodity Top News, Nr. 33, Bundesanstalt für Geowissenschaften und Rohstoffe, Hannover 2010.

Europäische Kommission (2008), Securing raw materials for European competitiveness, auf den Seiten der Europäischen Kommission, http://ec.europa.eu/enterprise/magazine/articles/industrial-policy/article_7344_en.htm, Stand: 06.06.2012.

Europäische Kommission (2010), Critical Raw Materials for the EU, Report of the Ad-hoc Working Group, Juni 2010.

Europäische Kommission (2011), Grundstoffmärkte und Rohstoffe: Herausforderungen und Lösungsansätze, Mitteilung der Kommission an das Europäische Parlament, den Rat, den Europäischen Wirtschafts- und Sozialausschuss und den Ausschuss der Regionen, Februar 2011.

Franke, M. (2011), WTO, China - Raw Materials: Ein Beitrag zu fairem Handel, S. 5 – 31, in: Tietje, C./Kraft, G./Lehmann, M. (Hrsg., 2011), Beiträge zum Transnationalen Wirtschaftsrecht, Heft 114.

Gassmann, M./Schrörs, M./Dierks, B. (2012), EU-Klage wegen seltener Rohstoffe - Sturm auf Chinas Rohstoffe", auf den Seiten von Financial Times Deutschland, http://www.ftd.de/politik/konjunktur/:eu-klage-wegen-seltener-erden-sturm-auf-chinas-rohstoffe/70007048.html, Stand: 22.08.2012.

Humphries, M. (2012), Rare Earth Elements: The Global Supply Chain, Congressional Research Service, Juni 2012.

Institut für Zukunftstechnologien (IZT) (2011), Kritische Rohstoffe für Deutschland, 2011,
http://www.kfw.de/kfw/de/I/II/Download_Center/Fachthemen/Research/PDF-Dokumente_Sonderpublikationen/Rohstoffkritikalitaet_LF.pdf.

Kim, J. (2010), Recent Trends in Export Restrictions, in: OECD, Nr. 101, OECD Publishing.

Koch, E. (2006), Internationale Wirtschaftsbeziehungen, 3., vollständige überarbeitete und erweiterte Auflage, München 2006.

Korinek, J./Kim, J. (2010), Export Restrictions on Strategic Raw Materials and Their Impact on Trade, in: OECD Trade Policy Working Papers, Nr. 95, OECD Publishing.

Krugman, P./Obstfeld M./Melitz, M. (2012), Internationale Wirtschaft: Theorie und Politik der Außenwirtschaft, 9. aktualisierte Auflage, München 2012.

Latina, J./Piermartini, R./Ruta M. (2011), Natural Resources and Non-Cooperative Trade Policy, in: International Economics and Economic Policy, Vol. 8, Nr. 2, S. 177 – 196.

Liedtke, M./Elsner, H. (2009), Seltene Erden, in: Commodity Top News, Nr. 31, Bundesanstalt für Geowissenschaften und Rohstoffe, Hannover 2009.

Luckenbach, H. (2010), Grundlagen der internationalen Wirtschaftspolitik: Internationale Handelspolitik, München 2010.

Maennig, W./Wilfling B. (1998), Außenwirtschaft: Theorie und Politik, München 1998.

Öko-Institut e.V. (2011), Seltene Erden – Daten & Fakten, Hintergrundpapier Seltene Erden, Berlin 2011, http://www.oeko.de/oekodoc/1110/2011-001-de.pdf.

Piermartini, R. (2004), The Role of Export Taxes in the Field of Primary Commodities, WTO Discussion Paper Nr. 4, Genf 2004.

Pollert, A./Kirchner B./Polzin, J.M. (2009), Duden Wirtschaft von A bis Z: Grundlagenwissen für Schule und Studium, Beruf und Alltag, 4. Auflage, Mannheim 2009.

Rat für Nachhaltige Entwicklung (2011), Wie Deutschland zum Rohstoffland wird: Empfehlungen des Rates für Nachhaltige Entwicklung an die Bundesregierung, Juni 2011.

Research and Markets (2012), China Germanium Industry Report 2011-2012, auf den Seiten von ResearchandMarkets.com, http://www.researchandmarkets.com/reports/2107143/china_germanium_industry_report_2011_2012, Stand: 15.08.2012.

Risk & Policy Analysts Limited (2012), Stockpiling of Non-energy Raw Materials, http://ec.europa.eu/enterprise/policies/raw-materials/files/docs/stockpiling-report_en.pdf.

Rogall H. (2006), Volkswirtschaftslehre für Sozialwissenschaftler: Eine Einführung, 1. Auflage, Wiesbaden 2006.

Roland Berger Strategy Consultans (2012), Neue Roland Berger-Studie über Seltene Erden, Pressemitteilung, 24. Juli 2012, http://www.rolandberger.de/medien/presse/pressemitteilungen/Preisspirale_bei_Seltenen_Erden.html, Stand: 22.08.2012.

Rose, K./Sauernheimer, K. (2006), Theorie der Außenwirtschaft, 14. Auflage, München 2006.

Ruta, M./Venables J. (2012), International Trade in Natural Resources: Practice and Policy, in: CESifo Working Paper: Trade Policy, No. 3778, S. 1 – 33.

Sievers, H./Tercero, L. (2012), European Dependence on and Concentration Tendencies of the Material Production, in: Polinares: EU Policy on Natural Resources, Working Paper, Nr. 14, März 2012.

Spencer, B./Brander J.A. (2008), Strategic Trade Policy, in: The New Palgrave Dictionary of Economics, ed. by S.N. Durlauf and L. E. Blume, Basingstoke 2008.

Stratmann, K. (2008), Rohstoffversorgung entwickelt sich zur Achillesferse der Wirtschaft, in: Handelsblatt, Nr. 219, 11.11.2008, S. 4.

Tse, P.-K. (2011), China's Rare-Earth Industry, U.S. Geological Survey, Open-File Report 2011-1042, Reston, Virginia 2011, http://pubs.usgs.gov/of/2011/1042/of2011-1042.pdf.

U.S. Geological Survey (2012), Mineral Commodity Summaries 2012, http://minerals.usgs.gov/minerals/pubs/mcs/2012/mcs2012.pdf.

U.S. National Research Council (2007), Minerals, critical minerals and the US economy, 2007, www.nma.org/pdf/101606_nrc_study.pdf.

Van den Hende, L./Paterson, J./Smith, H. (2009), Export Restrictions on Raw Materials – WTO rules and remedies, Bloomberg Law Reports, http://www.herbertsmith.com/NR/rdonlyres/393EFC20-DB64-4FC1-8C0C-8BA85768092E/16346/ExportrestrictionsonrawmaterialsWTOrulesandremedie.pdf.

Venables, J. (1987), Trade and trade Policy with Differentiated Products: A Chamberlinian-Ricardian Model, in: The Economic Journal, 97, S. 700 – 717.

Wellmer, F.-W. (2012), Kritische Rohstoff für entwickelte Länder, S. 6 – 9. in:. Petersen, C. (Hrsg., 2012), Kritische Rohstoffe für Hightech-Produkte, TU International 69.

Welzel, P. (1998), Das Argument der strategischen Handelspolitik – was ist geblieben, Diskussionsbeitrag Nr. 172, Institut für Volkswirtschaftslehre, Universität Augsburg, http://www.wiwi.uni-augsburg.de/vwl/institut/paper/172.ps.

WTO (2012), Glossary: Tariff escalation, auf den Seiten der WTO, http://www.wto.org/english/thewto_e/glossary_e/glossary_e.htm, Stand: 25.07.2012.